全作品動画
QRコード付き 型紙なしで作れる

Baby & Kids Handmadeの 手づくり大人服&小物

Baby & Kids Handmade 〔著〕

ナツメ社

\\ Baby & Kids Handmade式！ //

型紙なしで作れる 手づくり服＆小物のポイント

1 型紙がないから 気軽にできる！

型紙づくりに必要な大きな紙（ハトロン紙）やウエイトが必要なく、気軽にはじめることができます。特に大人サイズの型紙は大きくて、面倒だと感じることが多く、この作業をなくしてすぐにお裁縫をはじめられるとよいな……という思いを形にしました。

2 決まりごとが わからなくてもできる！

「いかにきれいに仕上げるか」が重視されるこれまでの洋服づくりでは、決まりごとが多く、その分ハードルが高いなと感じていました。実際YouTubeのコメントでもそんな声がよく聞かれます。決まりごとをできるだけ取り除いて、動画やつくり方を追えばできあがる服を紹介しています。

3 縫い代込みの図で かんたん！

かんたんさを追求した結果、「縫い代込み」の裁ち方図にしています。縫い代の幅もほとんど決まっているので、仕上がり線は書かずに裁っても、あまり迷わずに縫うことができます。不安な方は、ミシン針から1㎝の位置に目印をつけておくといいでしょう。

はじめに

自分のYouTube動画をつくるときに、いつもいちばん大切にしているのは
『気軽に、楽しくつくる』ということです。
ミシン初心者の方には、
動画を見ながら、**最後まで自分でつくるという楽しさを味わってほしい**
と思っています。
そのためにできるだけかんたんな裁断、かんたんな縫い方を心がけて、
オリジナルのつくり方を考えています。

ルールが多いと思われがちなハンドメイドですが
実は**「絶対にこの縫い方をしないといけない」という**
決まりはありません。

ただ型紙なしだと、縫い代つけなどが少々適当になってしまうところはあります……。
それでも着てみれば十分にかわいい服になるんです！
しかも、むずかしいことを考えずにミシンも楽しめると思います。

自分の好きな1枚の布が、ひとつの洋服や小物になる！　というのは
想像以上によろこびを感じる体験です。
その体験を重ねていくことで「前よりも縫うのがちょっとじょうずになった」
「ミシンが楽しい！」と思えるようになるでしょう。

本書で紹介している**25の洋服と小物はすべて、**
YouTubeのチャンネルでもつくり方をフォローしています。
本と動画、両方を観ながら、ぜひ自分らしく、
気楽に、自由に、ものづくりを楽しんでみてください！

Baby & Kids Handmade

1年中楽しもう！
手づくり服コーディネート

型紙なしで気軽につくれる手づくり服だから、365日いろんなシーンで活躍してくれますよ。
その一例を季節ごとに紹介しましょう。

ふんわりそでのブラウス（28ページ）と、キャミソールワンピース（54ページ）を合わせました。後ろにスリットが入っているので、動きやすく春のお散歩にもぴったりです。

Spring

ギャザーブラウス（24 ページ）にノースリーブブラウス（38ページ）をオン！ すそからギャザーをチラ見せするバランスに注目してください。

ブラウジングワンピース（60 ページ）は夏だけ、なんてもったいない！ 長そでプルオーバー（34 ページ）を重ね着すれば、シーズンレスで楽しめるレイヤードスタイルの完成です。

プルオーバー（34ページ）の半そ
でアレンジは、さわやかなプリント
のコットン生地がおすすめ。1枚
つくれば、スカートでもサロペット
でも夏の万能アイテムに。

キャミソールサロペット（82ページ）
は、これ1枚で今っぽくなるおすす
めアイテム。楽ちんに着れるうえ、少
しハリのある生地でつくっておけば、
ちょっとしたお出かけにも合わせられ
ます。

ノースリーブブラウス (38ページ) とフリル
ワイドパンツ (86ページ) のすっきりコー
ディネート。同系色のスカーフをオンしたま
とめ髪で涼やかに。

冷房のきつい時期には、はおりもの
がマストアイテム。ブラウジングワン
ピース (60ページ) に、ナチュラル
カーディガン (41ページ) をはおりま
した。もちろん、エコバッグ (121ペー
ジ) も手づくりで。

Fall

Aラインワンピース（46ページ）に
ギャザースカート（66ページ）をプラ
ス。ボアスヌード（100ページ）に顔
をうずめながらゆったり過ごせば、
秋の夜長の読書がはかどりそう！

ふんわりそでのブラウス（28ペー
ジ）とフリルワイドパンツ（86ペー
ジ）は、着る人を選ばない万能
コーディネート。甘くなりすぎない
ように、足元はスニーカーでカジュ
アルダウンがおすすめ。

うねの細いコーデュロイで仕立
てたキャミソールワンピース（54
ページ）は、3シーズンは着まわせ
ます。モノトーンコーデには、"小
物で差し色"がシックです。

少し涼しくなってきたら、ナチュラル
カーディガン（41ページ）は一軍ア
イテムです。ボトムスはギャザーキュ
ロット（78ページ）に、見せ靴下と
サボを合わせました。

winter

Ｉラインのシルエットが大人っ
ぽくまとまるＶネックジャンパー
スカート（50ページ）は、イベン
トの多い冬に用意したいアイ
テムです。ニットキャップでハ
ズすのがおすすめです。

柄物リネンで仕立てたギャザー
スカート（66ページ）は、1年
中コーディネートのアクセントに
なる万能選手。ノーカラーコート
（90ページ）をはおれば真冬も
あたたかく過ごせます。

Ｖネックジャンパースカート（50
ページ）とガウチョパンツ（73
ページ）のレイヤードスタイル。
柄on柄も同系色でまとめれば、
すっきりモードな着こなしに。

ガウチョパンツ（73ページ）にフー
ドつきポンチョ（94ページ）は、
冬のお散歩スタイルに。裏地の
ないタイプのパンツですが、ゆっ
たりシルエットだから、厚手のタイ
ツをはけば寒さも解決です！

Contents

Lesson 3 型紙なしで作る
ボトムス＆アウター
. . . .

Lesson 4 型紙なしで作る
小物
. . . .

道具をそろえる

型紙なしの洋服や小物づくりで、
そろえておきたい道具、あるとより作業が
スムーズになる道具を紹介します。

【 最初にそろえておきたい道具 】

写真提供：JUKI

□ 家庭用ミシン

これ1台あれば、洋服から小物まで大抵のものが縫えます。
糸調子や縫い目の調節ができることに加え、ボタンホール、
ジグザグ縫いなど、コンパクトながら必要な機能はじゅうぶん
備えています。また、一般的に布端の始末はロックミシンで
行われていますが、専用のミシンが必要になるので、この本
では「ジグザグミシン」での布端の始末を紹介しています。

□ ミシン針

ミシンに取りつける針で、縫う
布の厚みに合わせて、針と糸
を変えます。シーチング程度の
コットン布は普通地用の11
号針を使います。薄地なら9
号針、厚地なら14号または
16号がいいでしょう。

□ ボビン

下糸を巻きつけるもの。使用
する糸をボビンに巻き直して、
ミシンにセットします。金属製
とプラスチック製のものがあ
ります。ミシンの機種によって
は、専用のボビンが必要な場
合も。

□ メジャー

採寸やカーブを測るのに使い
ます。型紙なしの洋服づくりで
は、布に直接長い線を引くこと
もあるので、その際にも使って
います。1.5mくらいのものを
用意しましょう。

□ アイロン、アイロン台

縫い代を割ったり、布端を折
り返したり、縫い目を整えた
り、洋服づくりでは、アイロンを
よく使います。スチームがつい
てないタイプなら、きりふきも
用意してください。

□ 定規

測ったり、線を引いたりするの
に使います。いちばんよく使う
のは30cm定規ですが、型紙
なしの洋服づくりでは50cm
定規があると、線を引くのにと
ても便利です。見返しや折り
返しの幅を測るのには短めの
20cm定規も使っています。

□ 印つけペン

布に裁ち線を書いたり、印を
つけるのに使います。ペンシ
ルやペンなど、使いやすいも
のでかまいません。水で消える
もの、時間がたつと消えるも
のなど、消し方を確認しておき
ましょう。熱で消えるボールペ
ンを使うこともあります。

□ 裁ちばさみ

布専用のはさみです。仕上がりも左右するので、切れ味のよいものを用意しましょう。布以外のものを切ったり、水にぬらしたりすると切れ味が悪くなるので、注意してください。

□ 手縫い針

ミシン針とは異なる形状の手縫い用の針です。布の厚さによって使い分けます。長さもいろいろなので、自分の手になじむものを選ぶのがいいでしょう。

□ まち針、ピンクッション

重ねたり、折ったりした布がずれないように仮どめするための針です。ていねいに仮どめしてから縫い合わせると、仕上がりも美しくなります。

□ 目打ち

縫い合わせてできた角を引き出すときに使います。入り込んだ角に目打ちの先を差し入れ、押出すようにして形を整えるのがコツです。

□ 糸切りばさみ

糸を切るための小さなはさみです。ミシン縫いでは頻繁に糸を切るので、手元に置いておきましょう。

□ ひも通し

パンツやスカートのウエストにゴムテープを通すのに重宝します。なければ安全ピンで代用してもいいでしょう。

【 あると便利な道具 】

□ アイロン定規

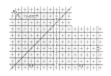

折り返しの幅がスムーズに測れる定規です。アイロンの熱にも強い素材なので、三つ折りのときにはとても重宝します。

□ リッパー

失敗した縫い目を切るときやボタンホールを開けるのに使います。布を傷めたりすることなく、すばやく糸が切れるアイテムですが、糸切りばさみでも代用できます。

□ テープメーカー

バイアステープが手軽につくれる道具で、両側の折り返しが一度にできます。共布のバイアステープや、好みの柄でオリジナルのバイアステープをつくりたいときにあると便利です。

□ 仮どめクリップ

重ねた布がずれないように、はさんで仮どめするクリップです。まち針が通りにくい厚い布や、まち針をつけにくい部分もサッと固定できます。縫い代の目安に目盛りがついているものもあります。

材料を用意する

洋服や小物づくりに欠かせない
布の選び方のコツ、よく使う副資材など、
材料にまつわる基礎知識を紹介します。

【 つくりやすい布地 】

迷ったときは コットン（綿） がおすすめ

家庭用ミシンでも縫いやすく、洗濯もしやすい素材です。色や柄、厚みのバリエーションも多いので、選択肢も広がります。中でも、服づくりにおすすめなものに、手ごろで縫いやすい「シーチング」、自然な光沢感のある「ブロード」、ガーゼを2枚重ねて織られた、やわらかな風合いの「ダブルガーゼ」などがあります。

コットン

ブロード

シーチング

ダブルガーゼ

縫いやすい リネン（麻） もいい

伸縮性が少なく、家庭用ミシンでも縫いやすい麻布もおすすめです。織り目が大きめで洗い縮みしやすい布なので、裁断する前に一度水に通して、陰干ししておくと安心。コットンを混ぜた「ハーフリネン」は、リネン100％よりもやわらかさがあり、扱いやすい素材です。

リネン

ハーフリネン

無地 や 上下の向きがない 布地が扱いやすい

案外忘れられがちですが、布の柄選びもつくりやすさを左右します。上下の向きがある布だと、カットするときに注意が必要です。チェックやストライプも、ていねいに仕上げたいときは柄合わせに気を配ります。その点、無地ならば柄合わせも不要で、上下左右を気にせず裁断できます。

無地

上下の向きがない柄

【 その他の材料 】

□ ミシン糸

丈夫なポリエステル製のものが一般的。つくるアイテムの布色に近い色のものを用意します。柄布なら分量の多い色の糸を選んで。糸の太さは、縫う布の厚さに合わせて選びます。

□ 接着芯

片面または両面に接着剤がついた芯地。アイロンの熱で布の裏に貼って、布を補強します。この本では、えりぐりの見返しやバッグ布に、片面タイプをよく使っています。バッグには不織布タイプ、洋服には織り布タイプがおすすめです。

□ 手縫い糸

返し口を縫い閉じるときや、ボタンを縫いつけるときによく使います。手縫いの際にミシン糸を使用してもかまいませんが、糸のよりが異なるので、からまりやすくなります。

□ ゴムテープ

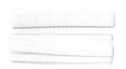

パンツやスカートのウエストに通すゴムです。幅はさまざまで、用途によって選びますが、この本のアイテムでは幅2〜2.5cmのものをよく使っています。

【 布を購入するときに気をつけたいこと 】

用尺はメモして買い物に行く

布幅を確認して、計算しておくと無駄がありません。リネンやコットンでは、水通しすると少し縮んでしまうものもあるので、ぴったりよりも、少しゆとりをもった用尺で購入しましょう。余った布は、ポーチや巾着に仕立てたり、バッグの裏地にも使えます。

適した厚みの布地を選ぶ

つくるアイテムに適した厚さの布か、確認してから買うようにしましょう。慣れていない方は、実際に触って確認するほうが失敗は少ないです。特に裏地なしの服をつくる場合は、巻かれた状態から少し広げて、1枚で透け感を確かめておくと安心です。

伸びる素材は避ける

カットソーなどは、ニット生地を使ってお店の服のように仕上げたい、という声も聞きます。残念ながら、伸びる素材は難易度が高く、家庭用ミシンできれいに縫うのは至難の業。店頭で手にとって、やわらかさや伸縮性なども確認して選ぶといいでしょう。

"型紙なし"で楽しむ服づくりのきほん

型紙を使わず、できるだけかんたんに楽しく服づくりをするために、
身につけておきたい、きほんのルールとテクニックをレッスンします。

パーツは裁ち方図から 直接布に書く

型紙の代わりに、裁ち方の図の寸法を確認して、布に直接印をつけていきます。

□ 直線なら…

【 裁ち方図 】

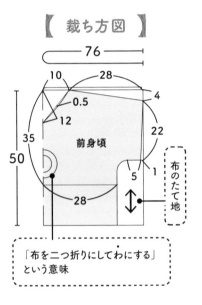

76

10 28
0.5
12 4
35 前身頃 22
50 5
28

布のたて地

「布を二つ折りにしてわにする」という意味

定規を使う

布は裏を上にしてまっすぐ置きます。図の寸法を定規で測って印をつけたら、定規で印をつないで線を引きます。

折って跡をつける

スカートやパンツなど長い斜線を引きたいときは、線の最初と最後の位置を決めてから、そこを目印に布を折って跡をつけるとかんたんです。

□ カーブなら…

えりぐりやそでぐりは、カーブになります。定規で補助線を引いて、それを目安にしてフリーハンドで曲線を書きましょう。あまり神経質になりすぎなくてもOK! 多少ゆがんでも、仕上がればほとんど気になりません。

6 cm
16cm

1 裁ち方図にある、たてと横の直線を定規で引く。

2 対角線を引く。

3 対角線などの補助線を目安にしてカーブを少しずつ書く。

ATTENTION! この本の裁ち方図はすべて「縫い代込み」で紹介しています!

見返しパーツは 余り布を活用する

えりぐりなどの内側につける見返しパーツのつくり方を、えりぐりの例で紹介します。

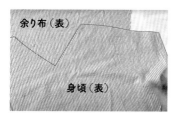

1 余った布にえりぐり部分を重ねる。その際、布の表裏と向きをそろえる。

2 えりぐりの形を印つけペンでなぞる。

3 2の線から指定の幅に印をつけて線をつなげる。

4 書いた線に沿って、裁ちばさみでカットする。

5 4を接着芯に重ね、ペンでなぞったら、縫い代分に印をつけ、縫い代を除いたサイズでカットする。

6 見返し布の裏に接着芯をアイロンで貼る。そのまま置いて熱をさます。

斜め線を裁つときは、 縫い代分を折って切る

そのまま切ると縫い代が飛び出してしまったり、欠けたりする斜め線パーツは、縫い代を折って切るのがコツです。

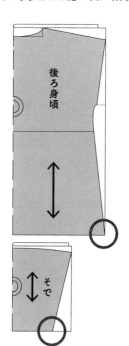

後ろ身頃

そで

1 すそやそで口などの布端の縫い代の幅分（三つ折り分）を測って、印をつける。

2 印の位置で折り返す。

3 縫い代が出てしまった場合は、布端を縫う前に、はさみでカットを！

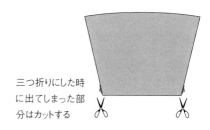

三つ折りにした時に出てしまった部分はカットする

バイアステープを共布で つくる

斜めに裁った布でつくったテープで、見返しや縁どりに使います。余り布でつくります。

1 所定の幅の線を、ななめ45°の角度で引く(ここでは幅2.5cm)。

2 線に沿って布を裁つ。

3 幅を中心に向かって半分の幅に折りながら、アイロンで押さえる。

4 反対側も同様に折る。

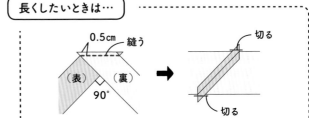

長くしたいときは…

0.5cm　縫う
（表）　（裁）
90°

斜めに裁った布を複数用意し、2枚の布端を中表に合わせて縫い合わせる。

切る
切る

縫い代を割って、飛び出た縫い代はカットする。これを必要な長さ分くり返す。

縫い代にはジグザグミシン でほつれどめ

布端はきほん、ほつれどめをします。縫い代の処理によって手順が前後します。

縫い代を割るとき ➡

1 縫い合わせる部分の布端に、1枚ずつジグザグミシンをかける。

2 縫い合わせたら、縫い代をアイロンで割る。

縫い代を倒すとき ➡

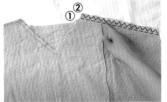

1 縫い合わせた後に、2枚の縫い代を重ねて一度にジグザグミシンをかける。

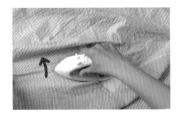

2 縫い代は後ろ身頃側に倒す。

そでやすそは三つ折り 処理で！

多くの服づくりでは、すそやそで口の処理を三つ折りで行います。

1 すその端に定規をあて、定規をくるむようにして、指定の幅分を折り返す。

2 さらにもう一度、指定の幅分を折り返す。

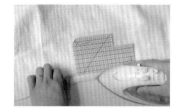

3 折り目はアイロンで押さえていく。

4 まち針で仮どめする。

せまいそで口は跡をつけておく

 ➡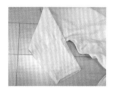

そで口は、パーツの状態のときに三つ折りをして、跡をつける。

脇を縫った後、折り跡に沿って折り直して縫う。

中心の印は

はさみでOK

定規いらずで、かんたんな中心のつけ方。パーツを半分に折って、布端の角を小さくはさみでカットします。広げると中心に印がつきました。

縫う前は

しっかり合わせる

布同士を縫い合わせるときは、ミシンで縫う前に必ずまち針などで仮どめします。まち針は両端⇒中心⇒その中間と均等にとめていきましょう。

まち針で　　　　　クリップで

覚えておきたい名称&用語

各部の名称

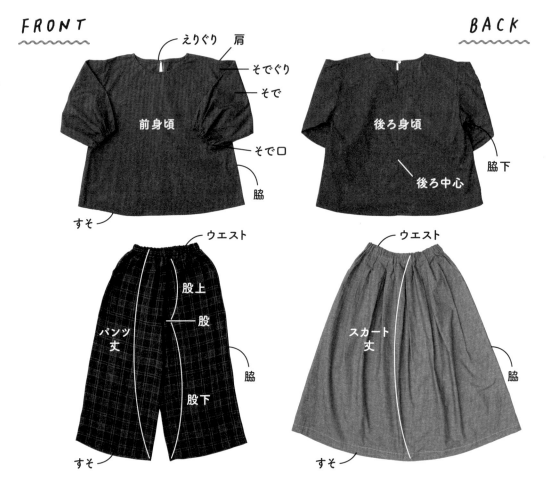

FRONT

えりぐり　肩
そでぐり
そで
前身頃
そで口
脇
すそ

BACK

後ろ身頃
後ろ中心
脇下
ウエスト

ウエスト
股上
股
パンツ丈
脇
股下
すそ

スカート丈
脇
すそ

よく出てくる用語

□ **粗ミシン（あら）**
上糸を強く、縫い目を大きくしてかけること。ギャザーを寄せるときに、ぐし縫いの代わりに使う縫い方。

□ **落としミシン（お）**
縫い代を落ち着かせるため、縫い線やそのきわにかけるステッチ。

□ **ギャザー**
縫った糸を引き絞って、布に寄せる細かいひだのこと。

□ **きわ**
布端から0.2cmくらいのところ。

□ **外表（そとおもて）**
2枚の布の表が、それぞれ外側になるように合わせること。

□ **裁ち方図（たちかたず）**
作品のパーツを裁つときに目安にする図。

□ **中表（なかおもて）**
2枚の布の表が、それぞれ内側になるように合わせること。

□ **縫い代（ぬいしろ）**
布同士を縫い合わせるときに必要な端の幅。

□ **バイアス**
布の織り目に対して、斜め方向のこと。45°がもっとも布が伸びやすくなる。

□ **二つ折り（ふたお）**
布が2枚に重なる状態に折ること。半分に折るという意味も。

□ **見返し（みかえ）**
えりぐりやそでぐりなどの裏につける補強のためのパーツ。

Lesson 1

型紙なしで作る

トップス

シンプルで着回ししやすいデザインの
トップスばかりです。
いろいろな素材や色・柄でつくってみてください。

ふんわりすその

ギャザー
ブラウス

身幅をゆったりめに仕上げた着心地のよい
ブラウスです。切り替え下のギャザー部分を
長くすれば、チュニック風にもなります。

できあがりサイズ

着丈：約58cm
身幅：M 約54cm、L 約56cm、LL 約58cm

【 FRONT 】

手順を最初に確認しよう！

① 身頃の肩を縫い、見返しをつける

② そでをつける

③ 脇とそでを縫う

④ 切り替え下の両脇を縫う

⑤ すそを縫う

⑥ ギャザーを寄せ、身頃と縫い合わせる

CHECK!

動画でつくりかたが確認できます！
（YouTubeにとびます）

【 BACK 】

準備 ① 材料を用意する

※作品の布は120cm幅リネン（アンティークホワイト）を使用しました

□ 布　購入する際は、「110cm幅×180cm」くらいが目安です。

M〜LL ……… 幅72cm×長さ34cm× 2 枚（身頃）
幅110cm×長さ30cm× 2 枚（切り替え下）
幅44cm×長さ40cm× 2 枚（そで）
見返しは余り布を使用

□ 片面接着芯（薄手）　幅35cm×長さ20cm（見返し）

準備 ② 布を裁ってパーツにする

右の図の寸法を参考に、布を裁断する。前身頃、後ろ身頃、そでは中表で2つに折り、2枚を一度にカットする。
※パーツは縫い代込みの寸法（cm）
※サイズで変わる部分の寸法は「M／L／LL」の順

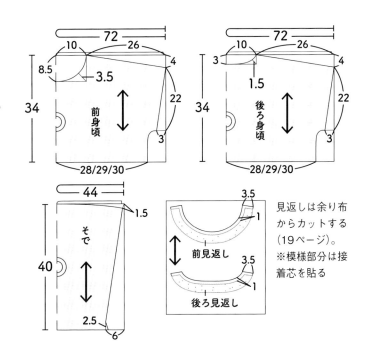

前身頃
72
10　26
8.5　3.5
4
34
22
28/29/30

後ろ身頃
72
10　26
3
1.5
4
34
22
28/29/30

そで
44
40
1.5
2.5
6

前見返し
3.5
1

後ろ見返し
3.5
1

見返しは余り布からカットする（19ページ）。
※模様部分は接着芯を貼る

用意するパーツ

□ 前身頃× 1

□ 後ろ身頃× 1

□ 切り替え下× 2

□ そで× 2

□ 前見返し× 1

□ 後ろ見返し× 1

① 身頃の肩を縫い、見返しをつける

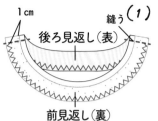

（1） 前見返しと後ろ見返しを中表に合わせて、端から1cmの位置で縫い合わせる。縫い代はアイロンで割り、外周にぐるりとジグザグミシンをかける。

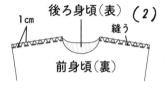

（2） 前身頃と後ろ身頃を中表で合わせ、肩を端から1cmの位置で縫い合わせる。縫い代にジグザグミシンをかけ、後ろ身頃側に倒す。

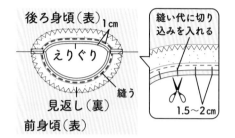

（3） 身頃は表を上にして置き、えりぐりに見返しを中表に合わせる。その際、肩線と見返しの縫い目を合わせる。えりぐりの端から1cmの位置でぐるりと縫い合わせたら、縫い代のカーブに切り込みを入れる。

（4） 見返しを表に返し、えりぐりを整えながらアイロンで押さえたら、見返しのきわをぐるりと縫う。

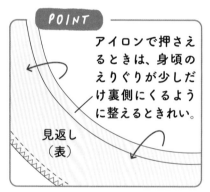

POINT
アイロンで押さえるときは、身頃のえりぐりが少しだけ裏側にくるように整えるときれい。

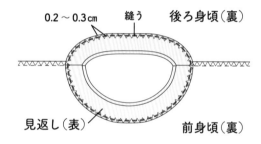

② そでをつける

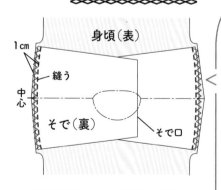

縫う前にそで口に三つ折りの折り跡をつけておくとスムーズ！

身頃は表を上にして置き、肩線とそでの中心を合わせて中表に重ねたら、端から1cmの位置で縫い合わせる。縫い代にジグザグミシンをかけ、身頃側に倒す。反対側のそでも同様にする。

③ 脇とそでを縫う

（1） ②を広げ、前身頃と後ろ身頃を中表に合わせる。脇下で位置を合わせてから、そでから脇にかけて、端から1cmの位置で縫い合わせる。縫い代にジグザグミシンをかける。

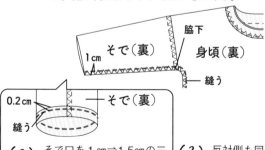

（2） そで口を1cm⇒1.5cmの三つ折りにして、折り返しのきわをぐるりと縫う。

（3） 反対側も同様にする。

④ 切り替え下の両脇を縫う

切り替え下2枚を中表に合わせて、両脇を端から1cmの位置で縫い合わせる。縫い代にジグザグミシンをかける。

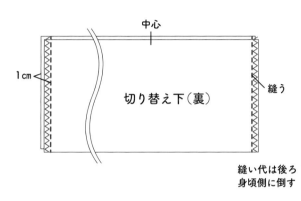

中心
1cm
縫う
切り替え下（裏）

⑤ すそを縫う

④の縫い代を後ろ側に倒したら、すそを1cm⇒1.5cmの三つ折りにして、折り返しのきわをぐるりと縫う。上側の左右の中心に印をつけておく（21ページ）。

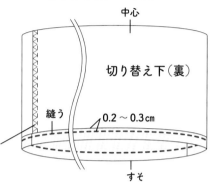

中心
切り替え下（裏）
縫う
0.2〜0.3cm
縫い代は後ろ
身頃側に倒す
すそ

⑥ ギャザーを寄せ、身頃と縫い合わせる

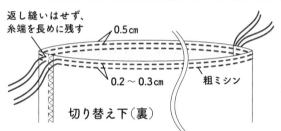

返し縫いはせず、
糸端を長めに残す
0.5cm
0.2〜0.3cm
粗ミシン
切り替え下（裏）

(1) ⑤の上端から0.5cmの位置に粗ミシンをかける。そこからさらに0.2〜0.3cmの位置にも粗ミシンをかけたら、反対側も同様にかける。

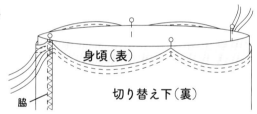

身頃（表）
脇
切り替え下（裏）

(2) 切り替え下の中に表に返した身頃を入れ、身頃のすそと切り替え下の上端を中表に合わせる。両脇と中心の位置をまち針でとめる。

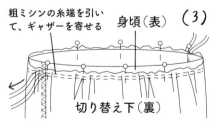

粗ミシンの糸端を引いて、ギャザーを寄せる
身頃（表）
切り替え下（裏）

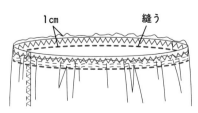

1cm
縫う

(3) 切り替え下の粗ミシンの糸端を引いて、少しずつギャザーを寄せる。全体に均等になるようギャザーを寄せたら、端から1cmの位置でぐるりと縫い合わせる。粗ミシンの糸を抜き、縫い代にジグザグミシンをかける。

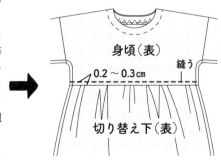

身頃（表）
0.2〜0.3cm
縫う
切り替え下（表）

(4) 表に返し、縫い代を上側に倒したら、身頃と切り替え下の縫い目のきわをぐるりと縫う。

ふんわりそでの
ブラウス

そで口にゴムを入れているので、
ふんわりかわいくそでがふくらむデザイン。
秋冬ならコットンウールで仕立てても！

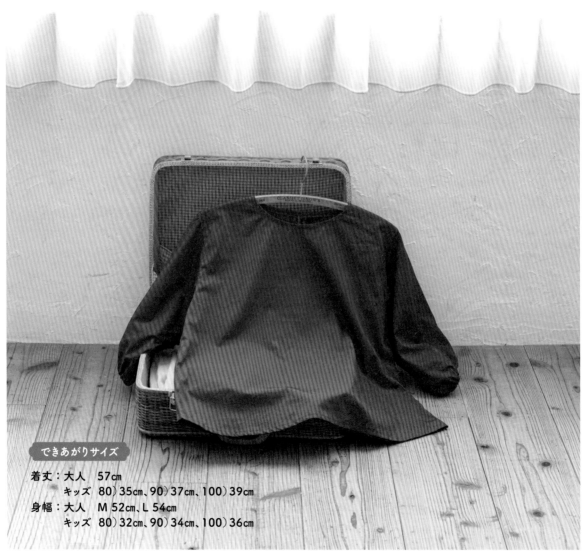

できあがりサイズ

着丈：大人　57cm
　　　キッズ　80）35cm、90）37cm、100）39cm
身幅：大人　M 52cm、L 54cm
　　　キッズ　80）32cm、90）34cm、100）36cm

手順を最初に確認しよう！

【 FRONT 】

③ 身頃の肩を縫い、えりぐりを始末する

④ そで山にギャザーを寄せ、そでをつける

⑥ そで口を始末する

CHECK!

動画でつくりかたが確認できます！

（YouTubeにとびます）

【 BACK 】

① ボタンループをつくる

⑤ 脇とそでを縫う

⑦ すそを縫う

② 後ろ身頃を縫う

⑧ ボタンをつける

準備① 材料を用意する

※作品の布は110cm幅コットン（ベリー）を使用しました

□ 布	購入する際は、「110cm幅×170cm」くらいが目安です。
M～L ………	幅66cm×長さ60cm×1枚（前身頃） 幅34cm×長さ60cm×2枚（後ろ身頃） 幅58cm×長さ40cm×2枚（そで） バイアステープ、ボタンループは余り布を使用
□ 1cm幅ゴムテープ	30cm程度×2本
□ ボタン	1個

準備② 布を裁ってパーツにする

右の図の寸法を参考に、布を裁断する。前身頃、そでは中表で2つに折り、後ろ身頃は2枚を中表に重ねて、2枚を一度にカットする。

※パーツは縫い代込みの寸法（cm）
※サイズで変わる部分の寸法は「M／L」の順

用意するパーツ

- □ 前身頃×1
- □ 後ろ身頃×2
- □ そで×2
- □ バイアステープ
- □ ボタンループ

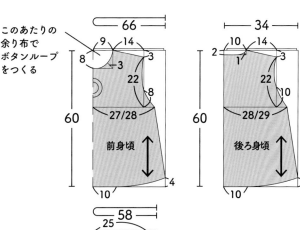

このあたりの余り布でボタンループをつくる

66
9 14
8
3
22
8
27/28
60
前身頃
10
4

34
10 14
2
1
3
22
28/29
60
後ろ身頃
10
4

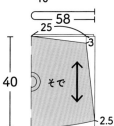

58
25
3
40
そで
2.5

余り布を幅2.5cmでバイアスにカットし、見返し用バイアステープを約50cm分つくる（20ページ）。

1 ボタンループをつくる

身頃を裁った余り布をバイアスに中表で二つ
折りにし、きわから0.5cmの位置を縫う。縫
い目のすぐ外側をカットしたら、糸端に針を
つけて針を輪に通し、ループ布を表に返す。

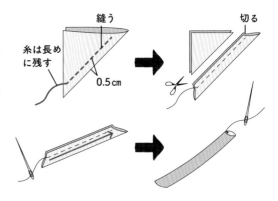

縫う
糸は長めに残す
0.5cm
切る

2 後ろ身頃を縫う

後ろ身頃の中心側の端にジグザ
グミシンをかけて、2枚を中表
に合わせて縫う。縫い代をアイ
ロンで割り、縫い残したあき部
分をコの字に縫う。

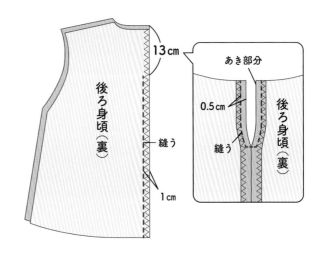

13cm
後ろ身頃（裏）
縫う
1cm

あき部分
0.5cm
縫う
後ろ身頃（裏）

3 身頃の肩を縫い、えりぐりを始末する

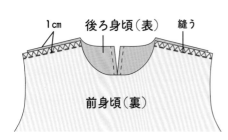

1cm
後ろ身頃（表）
縫う
前身頃（裏）

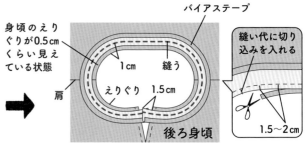

身頃のえり
ぐりが0.5cm
くらい見え
ている状態
肩
バイアステープ
1cm
縫う
えりぐり
1.5cm
後ろ身頃

縫い代に切り
込みを入れる
1.5〜2cm

（1）前身頃と後ろ身頃を中表で合わせ、
　　肩を端から1cmの位置で縫い合わせ
　　る。縫い代にジグザグミシンをか
　　け、後ろ身頃側に倒す。

（2）身頃を表に返し、えりぐりのカーブに沿ってバ
　　イアステープを中表に合わせる。テープの両端
　　は1.5cm余分に残してカットする。テープの内側
　　の折り跡の上でぐるりと縫い合わせたら、えり
　　ぐりの見えている部分をカットし、縫い代に1.5
　　〜2cm間隔で切り込みを入れる。

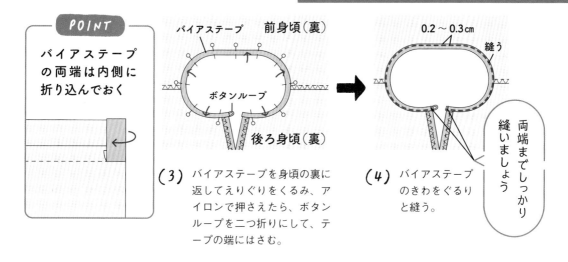

POINT

バイアステープの両端は内側に折り込んでおく

バイアステープ 前身頃（裏）

ボタンループ

後ろ身頃（裏）

0.2～0.3cm 縫う

両端までしっかり縫いましょう

（3）バイアステープを身頃の裏に返してえりぐりをくるみ、アイロンで押さえたら、ボタンループを二つ折りにして、テープの端にはさむ。

（4）バイアステープのきわをぐるりと縫う。

④ そで山にギャザーを寄せ、そでをつける

（1）そで山の上端から0.5cmの位置に粗ミシンをかけ、そこからさらに0.3cmの位置にも粗ミシンをかける。そで口のほうには1cm⇒1.5cmの三つ折りの折り跡をつけておく。

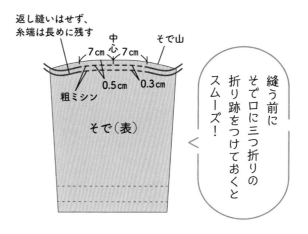

返し縫いはせず、糸端は長めに残す

中心

7cm 7cm

そで山

0.5cm 0.3cm

粗ミシン

そで（表）

縫う前にそで口に三つ折りの折り跡をつけておくとスムーズ！

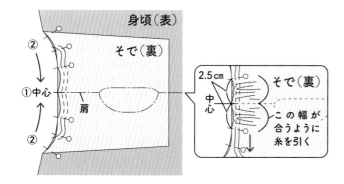

身頃（表）

そで（裏）

②

①中心

②

肩

2.5cm

中心

この幅が合うように糸を引く

そで（裏）

（2）身頃は表を上にして置き、肩線とそでの中心を合わせて中表に重ね、図の順番にまち針でとめる。粗ミシンの糸端を引いて、幅が合うまでギャザーを寄せる。

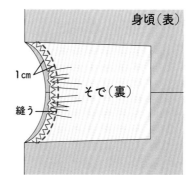

身頃（表）

1cm

そで（裏）

縫う

（3）端から1cmの位置で縫い合わせる。粗ミシンの糸を抜いて、縫い代にジグザグミシンをかけ、身頃側に倒す。反対側のそでも同様にする。

⑤ 脇とそでを縫う

④を広げ、前身頃と後ろ身頃を中表に合わせる。脇
下で位置を合わせ、そでから脇にかけて、ゴム通し
口は1.5cmあけて端から1cmの位置で縫い合わせ
る。ゴム通し口から0.5cm内側に切り込みを入れ、
切り込みから内側にジグザグミシンをかける。

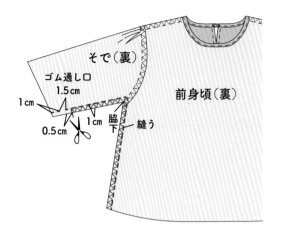

そで（裏）

ゴム通し口
1.5cm

1cm

0.5cm

1cm

脇
下

縫う

前身頃（裏）

⑥ そで口を始末する

ゴム通し口の縫い代は割り、そでの縫い代
は後ろ側に倒し、④でつけたそで口の折り
跡に合わせて三つ折りをし、折り返しのき
わをぐるりと縫う。ゴム通し口からゴムテ
ープを通し、両端を重ねて縫う。反対側の
そでも同様にする。

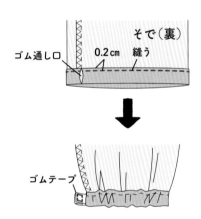

そで（裏）

ゴム通し口

0.2cm

縫う

ゴムテープ

⑦ すそを縫う

身頃の脇の縫い代を後ろ側に倒して、
すそを1cm⇒1cmの三つ折りにして、
折り返しのきわをぐるりと縫う。

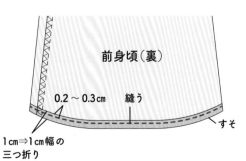

前身頃（裏）

0.2〜0.3cm

縫う

すそ

1cm⇒1cm幅の
三つ折り

⑧ ボタンをつける

表に返し、ボタンループの位置に合わせ
て、後ろ身頃にボタンを縫いつける。

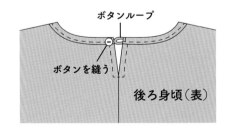

ボタンループ

ボタンを縫う

後ろ身頃（表）

ふんわりそでのブラウス
キッズ服アレンジ

準備
① 材料を用意する

※作品の布は110cm幅コットン（ベリー）を使用しました

CHECK!
動画でつくりかたが
確認できます！
（YouTubeにとびます）

共通

□ バイアステープ、ボタンループは余り布を使用
□ 1cm幅ゴムテープ　　　　　20 ～ 25cm × 2本
□ ボタン　　　　　　　　　　1個

80サイズ

□ 布

幅42cm×長さ38cm×1枚（前身頃）
幅22cm×長さ38cm×2枚（後ろ身頃）
幅36cm×長さ22cm×2枚（そで）

90サイズ

□ 布

幅44cm×長さ40cm×1枚（前身頃）
幅23cm×長さ40cm×2枚（後ろ身頃）
幅38cm×長さ24cm×2枚（そで）

100サイズ

□ 布

幅46cm×長さ42cm×1枚（前身頃）
幅24cm×長さ42cm×2枚（後ろ身頃）
幅40cm×長さ26cm×2枚（そで）

購入する際は110cm幅の場合、80サイズは70cm、90サイズは75cm、100サイズは80cmくらいが目安です。

準備
② 布を裁って
パーツにする

※パーツは縫い代込みの寸法（cm）
※サイズで変わる部分の寸法は「80サイズ／
90サイズ／100サイズ」の順

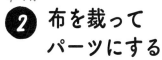

42/44/46
6/6.5/7　7/7.5/8
5.5
6
6.5
11
12
13
2　　4
38
40
42
前身頃

22/23/24
7/7.5/8　7/7.5/8
2
1
2
11
12
13
2　　4
後ろ身頃
3

36/38/40
3
3
22
24
26
そで
3

つくりかたの流れは、大人服と同様。ただし、後ろ身頃の後ろあき部分と、そで山の寸法は図のように変更する。

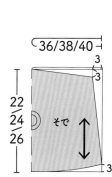

あき部分
11cm
後ろ身頃（裏）
縫う
1cm

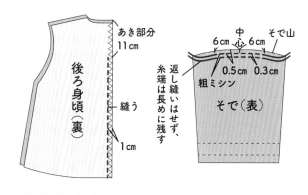

中心　そで山
6cm　6cm
返し縫いはせず、糸端は長めに残す
0.5cm　0.3cm
粗ミシン
そで（表）

アレンジいろいろ

長そで
プルオーバー

◇◇◇◇◇◇◇◇◇◇

肩が落ちたリラックス感のあるデザイン。
そでや丈の長さを変えて
アレンジもできます。
いろんな布でつくってみてください。

できあがりサイズ

着丈：大人　M 56.5cm、L 59.5cm
　　　（チュニックは M 76.5cm、L 79.5cm）
　　　キッズ　80）35cm、90）37cm、100）39cm
身幅：大人　M 52cm、L 54cm
　　　キッズ　80）34cm、90）36cm、100）38cm

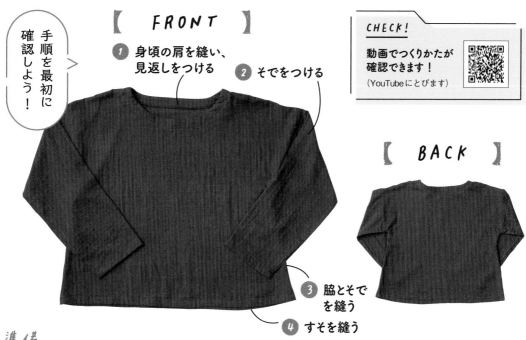

手順を最初に確認しよう！

【 FRONT 】

① 身頃の肩を縫い、見返しをつける

② そでをつける

③ 脇とそでを縫う

④ すそを縫う

【 BACK 】

CHECK!
動画でつくりかたが確認できます！
（YouTubeにとびます）

準備

① 材料を用意する

※作品の布は、長そでは102cm幅コットン（ブルー）、半そでは105cm幅コットンプリント（スモークブルー）、チュニックは110cm幅コットンリネン（ボーダー）を使用しました

□ 布	購入する際は110cm幅の場合、「長そでは175cm」「チュニックは220cm」「半そでは145cm」「半そでチュニックは185cm」くらいが目安です。
M ……	幅64cm×長さ60cm× 2枚（身頃）＊チュニックは長さ80cm 幅44cm×長さ47cm× 2枚（そで）＊半そでは長さ15cm
L ……	幅66cm×長さ63cm× 2枚（身頃）＊チュニックは長さ83cm 幅44cm×長さ48cm× 2枚（そで）＊半そでは長さ16cm

見返しは余り布を使用

□ 片面接着芯（薄手）	幅35cm×長さ20cm

準備

② 布を裁ってパーツにする

右の図の寸法を参考に、布を裁断する。前身頃、後ろ身頃、そでは中表で2つに折り、2枚を一度にカットする。半そではそで布の長さ、チュニックは身頃布の長さを変更して縫う。

※パーツは縫い代込みの寸法（cm）
※サイズで変わる部分の寸法は「M/L」の順

前身頃

64/66
10　22/23
8.5　4
3.5
30　22
60/63　27/28　3
2

後ろ身頃

64/66
10　22/23
3
1.5
30　22
60/63　27/28　3
2

そで

44
1.5
47/48
2.5
7

用意するパーツ

- □ 前身頃×1
- □ 後ろ身頃×1
- □ そで×2

- □ 前見返し×1
- □ 後ろ見返し×1

見返しは余り布からカットする（19ページ）。
※模様部分は接着芯を貼る

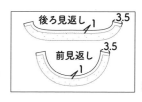

後ろ見返し　1　3.5
前見返し　3.5　1

① 身頃の肩を縫い、見返しをつける

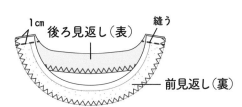

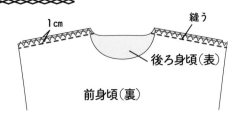

（1） 前見返しと後ろ見返しを中表に合わせて、端から1cmの位置で縫い合わせる。縫い代はアイロンで割り、外周にぐるりとジグザグミシンをかける。

（2） 前身頃と後ろ身頃を中表で合わせ、肩を端から1cmの位置で縫い合わせる。縫い代にジグザグミシンをかけ、後ろ身頃側に倒す。

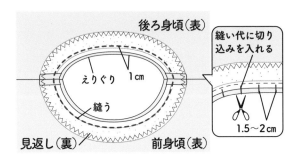

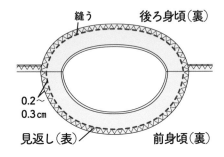

（3） 身頃は表を上にして置き、えりぐりに見返しを中表に合わせる。その際、肩線と見返しの縫い目を合わせる。えりぐりの端から1cmの位置でぐるりと縫い合わせたら、縫い代のカーブに切り込みを入れる。

（4） 見返しを表に返し、えりぐりを整えながらアイロンで押さえたら、見返しのきわをぐるりと縫う。

② そでをつける

身頃は表を上にして置き、肩線とそでの中心を合わせて中表に重ね、端から1cmの位置で縫い合わせる。縫い代にジグザグミシンをかけ、身頃側に倒す。反対側も同様。

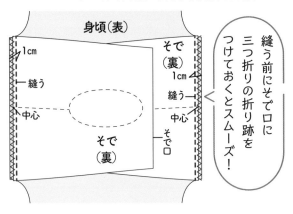

縫う前にそで口に三つ折りの折り跡をつけておくとスムーズ！

③ 脇とそでを縫う

②を広げ、前身頃と後ろ身頃を中表に合わせる。脇下で位置を合わせてから、そでから脇にかけて、端から1cmの位置で縫い合わせる。縫い代にジグザグミシンをかける。そで口を三つ折りにして、折り返しのきわをぐるりと縫う。

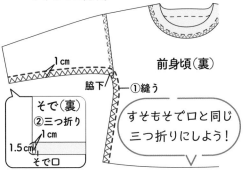

すそもそで口と同じ三つ折りにしよう！

④ すそを縫う

すそを1cm⇒1.5cmの三つ折りにして、折り返しのきわを縫う。

長そでプルオーバー
キッズ服アレンジ

準備 ① 材料を用意する

※作品の布は109cm幅リネンコットン（レモンイエロー）を使用しました

共通

- ☐ 見返しは余り布を使用
- ☐ 片面接着芯（薄手）25cm×20cm

CHECK!

動画でつくりかたが確認できます！

（YouTubeにとびます）

80サイズ
☐ 布

| 幅43cm×長さ38cm×2枚（身頃） |
| 幅24cm×長さ20cm×2枚（そで） |

90サイズ
☐ 布

| 幅45cm×長さ40cm×2枚（身頃） |
| 幅26cm×長さ22cm×2枚（そで） |

100サイズ
☐ 布

| 幅47cm×長さ42cm×2枚（身頃） |
| 幅28cm×長さ24cm×2枚（そで） |

購入する際は110cm幅の場合、80サイズは65cm、90サイズは70cm、100サイズは75cmくらいが目安です。

準備 ② 布を裁ってパーツにする

※パーツは縫い代込みの寸法（cm）
※サイズで変わる部分の寸法は「80サイズ/90サイズ/100サイズ」の順

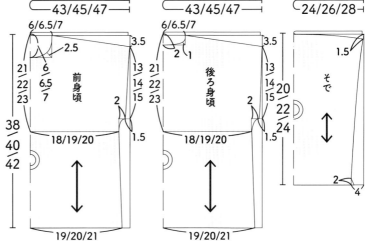

つくりかたの流れは、大人服と同様。ただし、後ろ身頃に後ろあきとボタンループをつくる。えりぐりの見返しは下図のように形をとる。

前見返し

3

後ろ見返し

3
9 3
3

余り布に裁った身頃をのせてなぞり、見返しをつくる

前身頃

後ろ身頃

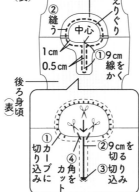

中心 1.5cm
0.3cm 縫う
後ろ身頃（表）

前身頃（表）　見返し（裏）
②縫う
えりぐり
中心
1cm
0.5cm
①9cm線をかく

後ろ身頃（表）

①カーブに切り込み
②9cmを切る
③切り込み
④角をカット

後ろの処理の仕方

（1）

ボタンループをつくり（30ページ）、後ろ身頃を裁ったら、二つ折りにしたボタンループを図の位置に仮どめする。大人プルオーバーの手順で、身頃の肩、見返し2枚を縫い合わせる。

（2）

身頃のえりぐりに、見返しを中表になるように合わせる。後ろ中心から後ろあき分の線を引き、えりぐりとあきのまわりをぐるりと縫う。後ろあきをカットし、縫い代の始末をする。見返しを表に返し、見返しのきわを縫う。仕上げには、ボタンループの位置に合わせて、ボタンを縫いつける。

ノースリーブ
ブラウス

少し短めのAラインシルエットは
ワイドパンツやロングスカートにぴったり。
薄手の布で涼しげに仕立ててみてください。

できあがりサイズ

着丈：53cm
身幅：M 52cm、L 54cm

【 FRONT 】

手順を最初に確認しよう！

③ 身頃の肩を縫い、えりぐりを始末する

⑥ そでぐりを始末する

④ 脇を縫う

⑤ すそを縫う

CHECK!
動画でつくりかたが確認できます！
（YouTubeにとびます）

【 BACK 】

① ボタンループをつくる

⑦ ボタンをつける

② 後ろ身頃を縫う

準備
❶ 材料を用意する

※作品の布は110cm幅（刺しゅう有効幅102cm）コットン（ネイビー）を使用しました

| □ 布 | 購入する際は、「110cm幅×120cm」くらいが目安です。 |

M～L ········ 幅68cm×長さ56cm×1枚（前身頃）
　　　　　　 幅35cm×長さ56cm×2枚（後ろ身頃）
　　　　　　 バイアステープ、ボタンループは余り布を使用

| □ ボタン | 1個 |

準備
❷ 布を裁ってパーツにする

右の図の寸法を参考に、布を裁断する。前身頃は2つに折り、後ろ身頃は2枚を中表に重ねて、2枚を一度にカットする。

※パーツは縫い代込みの寸法（cm）
※サイズで変わる部分の寸法は「M／L」の順

用意するパーツ

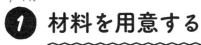

□ 前身頃×1

□ 後ろ身頃×2

□ バイアステープ

□ ボタンループ

このあたりの余り布でボタンループをつくる

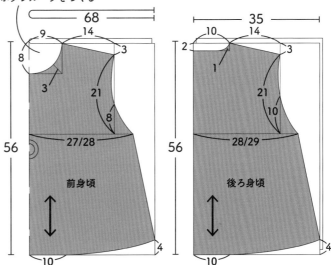

余り布を幅2.5cmでバイアスにカットし、見返しとそでぐり用バイアステープを約55cm×1本、約50cm×2本つくる（20ページ）。

① ボタンループをつくる

30ページ手順①の要領でボタンループを
つくる。

② 後ろ身頃を縫う

30ページ手順②の要領で後ろ身頃を
縫い合わせる。

③ 身頃の肩を縫い、えりぐりを始末する

30ページ手順③の要領で、前身頃と後ろ身頃の肩を縫い合わせて、えりぐり
にバイアステープで見返しと、①のボタンループをつける。

④ 脇を縫う

前身頃と後ろ身頃を中表に合わせる。
端から1cmの位置で縫い合わせ、
縫い代にジグザグミシンをかける。

⑤ すそを縫う

身頃の脇の縫い代を後ろ側に倒したら、
すそを1cm⇒1cmの三つ折りにして、
折り返しのきわをぐるりと縫う。

後ろ身頃（表）

前身頃（裏）

1cm

縫う

脇を縫う前に、すそに三つ折りの折り跡をつけておくとスムーズ！

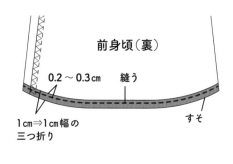

前身頃（裏）

0.2〜0.3cm　縫う

1cm⇒1cm幅の
三つ折り

すそ

⑥ そでぐりを始末する

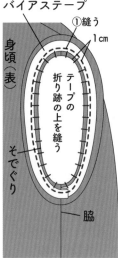

バイアステープ

①縫う

1cm

身頃（表）

テープの折り跡の上を縫う

そでぐり

脇

（1）

身頃を表に返し、そでぐり
のカーブに沿ってバイアス
テープを中表に合わせる。
身頃とテープをぐるりと縫
い合わせたら、そでぐりの
見えている部分をカット
し、縫い代に1.5〜2cm間隔
で切り込みを入れる。

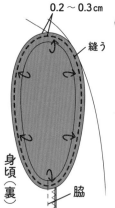

0.2〜0.3cm

縫う

身頃（裏）

脇

（2）

バイアステープを身頃の裏
に返してそでぐりをくる
み、バイアステープのきわ
をぐるりと縫う。
反対側のそでぐりも同様に
する。

⑦ ボタンをつける

表に返し、ボタンループの位置に合わせ
て、後ろ身頃にボタンを縫いつける。

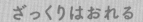

ざっくりはおれる

ナチュラル
カーディガン

大きめのシルエットで、ざっくりはおれる
仕立てです。ウールリネンなど
少し厚手の布がなじむでしょう。

できあがりサイズ

着丈：M 65cm、L 68cm
身幅：M 52cm、L 54cm

【 FRONT 】

手順を最初に確認しよう！

1 見返しを縫う
2 身頃の肩を縫う
5 見返しをつける
3 そでをつける
4 脇とそでを縫う
6 見返しとすそを縫う
7 ボタンをつける

CHECK!

動画でつくりかたが確認できます！
（YouTube にとびます）

【 BACK 】

準備 ① 材料を用意する

※作品の布は116cm幅ウールリネン（オフホワイト）を使用しました

□ **布**　購入する際は、「110cm幅×200cm」くらいが目安です。

M ……… 幅36.5cm×長さ70cm×2枚（前身頃）
幅64cm×長さ70cm×1枚（後ろ身頃）
幅44cm×長さ48cm×2枚（そで）
見返しは余り布を使用

L ……… 幅37.5cm×長さ73cm×2枚（前身頃）
幅66cm×長さ73cm×1枚（後ろ身頃）
幅44cm×長さ49cm×2枚（そで）
見返しは余り布を使用

□ 片面接着芯（薄手）　幅35cm×長さ80cm（見返し）

□ ボタン　　　　　　　　　　　　　　4個

準備 ② 布を裁ってパーツにする

下の図の寸法を参考に、布を裁断する。前身頃は2枚を重ね、後ろ身頃、そでは中表で2つに折り、2枚を一度にカットする。

※パーツは縫い代込みの寸法（cm）
※サイズで変わる部分の寸法は「M/L」の順

用意するパーツ

□ 前身頃×2

□ 後ろ身頃×1

□ そで×2

□ 前見返し×2

□ 後ろ見返し×1

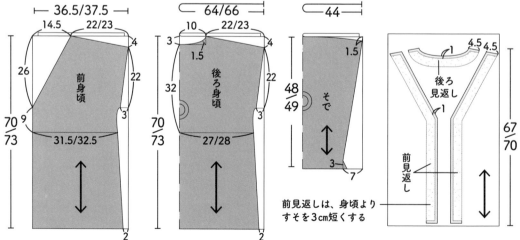

前身頃
36.5/37.5
14.5　22/23　4
26
22
70/73
9
31.5/32.5
3
2

後ろ身頃
64/66
10　22/23　4
3
1.5
32
22
70/73
27/28
3
2

そで
44
1.5
48/49
3
7

後ろ見返し
4.5　4.5
1　1
前見返し
67/70

前見返しは、身頃よりすそを3cm短くする

見返しは余り布からカットする（19ページ）。
※模様部分は接着芯を貼る

① 見返しを縫う

前見返しと後ろ見返しを中表に合わせて、端から1cmの位置で縫い合わせる。縫い代はアイロンで割り、外周にジグザグミシンをかける。

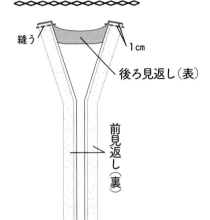
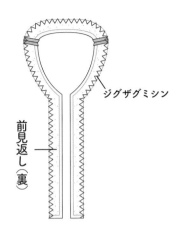

縫う　1cm
後ろ見返し（表）
前見返し（裏）
ジグザグミシン
前見返し（裏）

② 身頃の肩を縫う

前身頃と後ろ身頃を中表で合わせ、肩を端から1cmの位置で縫い合わせる。縫い代にジグザグミシンをかけ、後ろ身頃側に倒す。

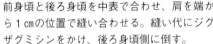
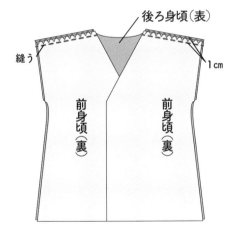

後ろ身頃（表）
縫う　1cm
前身頃（裏）　前身頃（裏）

③ そでをつける

身頃は表を上にして置き、肩線とそでの中心を合わせて中表に重ね、端から1cmの位置で縫い合わせる。縫い代にジグザグミシンをかけ、身頃側に倒す。反対側のそでも同様。

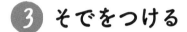
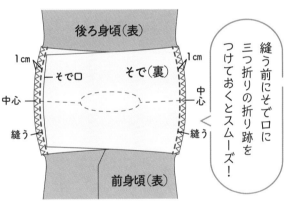

後ろ身頃（表）
1cm　そで（裏）　1cm
そで口　中心
中心　縫う　縫う
前身頃（表）

縫う前にそで口に三つ折りの折り跡をつけておくとスムーズ！

④ 脇とそでを縫う

（1）③を広げ、前身頃と後ろ身頃を中表に合わせる。脇下で位置を合わせてから、そでから脇にかけて、端から1cmの位置で縫い合わせる。縫い代にジグザグミシンをかけ、後ろ身頃側に倒す。

そで（裏）　脇下　前身頃（裏）　前身頃（裏）　そで（裏）
1cm　縫う

そで（裏）
0.2cm　縫う
2cm

（2）そで口を1cm⇒2cmの三つ折りにして、折り返しのきわをぐるりと縫う。

⑤ 見返しをつける

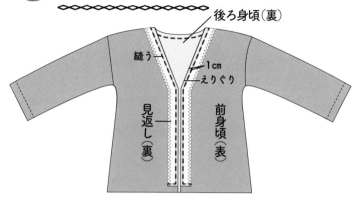

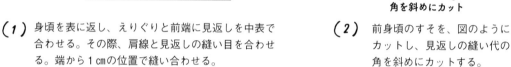

(1) 身頃を表に返し、えりぐりと前端に見返しを中表で合わせる。その際、肩線と見返しの縫い目を合わせる。端から1cmの位置で縫い合わせる。

(2) 前身頃のすそを、図のようにカットし、見返しの縫い代の角を斜めにカットする。

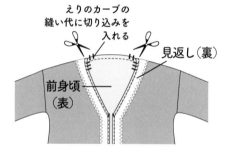

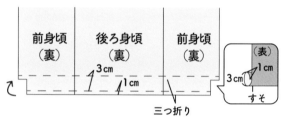

(3) 縫い代の図の位置に切り込みを入れる。その際、縫い目を切らないように注意する。

(4) 身頃のすそを、1cm⇒3cmの三つ折りにする。

⑥ 見返しとすそを縫う

見返しを表に返し、えりぐりを整えながらアイロンで押さえたら、見返しのきわを縫う。次に、⑤のすその三つ折りのきわを縫う。

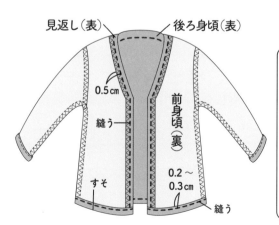

⑦ ボタンをつける

表に返し、前身頃の前端を重ね、ボタンつけ位置を決めたら、ミシンの機能を使ってボタンホールを縫う。ホールの中はリッパーなどで穴をあけ、ボタンを縫いつける。

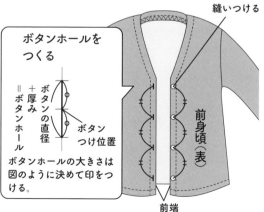

Lesson 2

型紙なしで作る

ワンピース

サラッと着られるワンピースはおすすめのアイテムです。
動画で人気のAラインワンピースや
キャミソールワンピースも紹介しています。

Aライン
ワンピース

フリーサイズで着られる、
ゆったりとしたAラインの
デザインです。丈はお好みで
調節してつくってみましょう。

できあがりサイズ

着丈：約110cm
身幅：約58cm

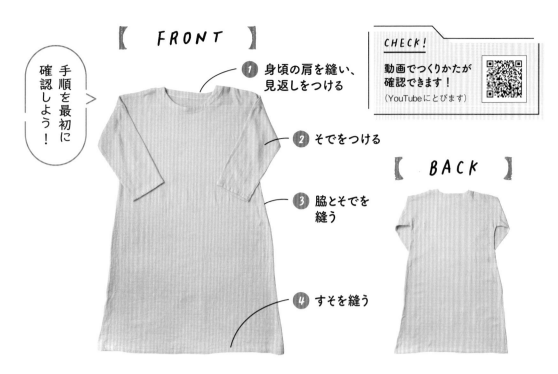

【 FRONT 】

手順を最初に確認しよう！

① 身頃の肩を縫い、見返しをつける

② そでをつける

③ 脇とそでを縫う

④ すそを縫う

【 BACK 】

CHECK!

動画でつくりかたが確認できます！

（YouTubeにとびます）

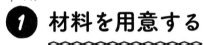

準備 ① **材料を用意する**

※作品の布は93cm幅コットンリネン（ライトアプリコット）を使用しました

□ 布　購入する際は、「110cm幅×300cm」くらいが目安です。

M〜LL ‥‥‥‥‥‥‥‥　幅82cm×長さ115cm×2枚（身頃）
　　　　　　　　　　幅44cm×長さ40cm×2枚（そで）
　　　　　　　　　　見返しは余り布を使用

□ 片面接着芯（薄手）　幅35cm×長さ20cm（見返し）

準備 ② **布を裁ってパーツにする**

右の図の寸法を参考に、布を裁断する。前身頃、後ろ身頃、そでは中表で2つに折り、2枚を一度にカットする。

※パーツは縫い代込みの寸法（cm）

用意するパーツ

□ 前身頃×1

□ 後ろ身頃×1

□ そで×2

□ 前見返し×1

□ 後ろ見返し×1

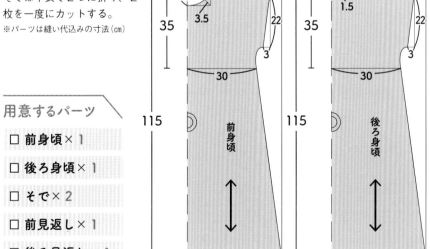

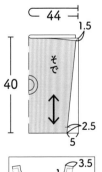

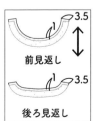

見返しは余り布からカットする（19ページ）。

※模様部分は接着芯を貼る

47

① 身頃の肩を縫い、見返しをつける

（1）前見返しと後ろ見返しを中表に合わせて、端から1cmの位置で縫い合わせる。縫い代はアイロンで割り、外周にぐるりとジグザグミシンをかける。

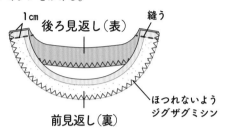

1cm　縫う
後ろ見返し（表）

ほつれないよう
ジグザグミシン

前見返し（裏）

（2）前身頃と後ろ身頃を中表で合わせ、肩を端から1cmの位置で縫い合わせる。縫い代にジグザグミシンをかけ、後ろ身頃側に倒す。

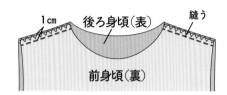

1cm　後ろ身頃（表）　縫う

前身頃（裏）

（3）身頃は表を上にして置き、えりぐりに見返しを中表に合わせる。その際、肩線と見返しの縫い目を合わせる。えりぐりの端から1cmの位置でぐるりと縫い合わせる。縫い代のカーブに切り込みを入れる。

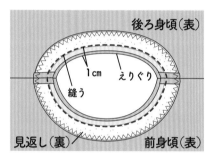

後ろ身頃（表）

1cm　えりぐり
縫う

見返し（裏）　　前身頃（表）

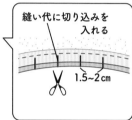

縫い代に切り込みを
入れる

1.5～2cm

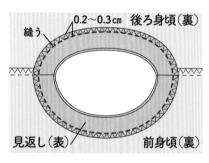

0.2～0.3cm　後ろ身頃（裏）
縫う

見返し（表）　　前身頃（裏）

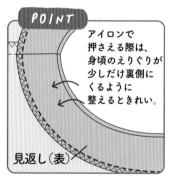

POINT

アイロンで押さえる際は、身頃のえりぐりが少しだけ裏側にくるように整えるときれい。

見返し（表）

（4）見返しを表に返し、えりぐりを整えながらアイロンで押さえたら、見返しのきわをぐるりと縫う。

② そでをつける

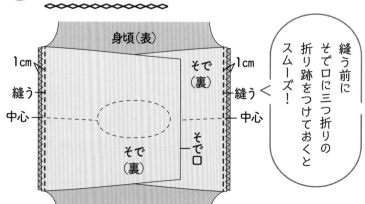

身頃（表）

1cm　　　　　　　　　1cm
縫う　　　　　　　　　縫う
中心　　　　　　　　　中心

そで（裏）　　　　　そで（裏）

そで（裏）　　　そで口

縫う前にそで口に三つ折りの折り跡をつけておくとスムーズ！

身頃は表を上にして置き、肩線とそでの中心を合わせて中表に重ねて、端から1cmの位置で縫い合わせる。縫い代にジグザグミシンをかけ、身頃側に倒しておく。反対側のそでも同様にする。

③ 脇とそでを縫う

（1）❷を広げ、前身頃と後ろ身頃を中表に合わせる。脇下で位置を合わせてから、そでから脇にかけて、端から1cmの位置で縫い合わせる。縫い代にジグザグミシンをかける。

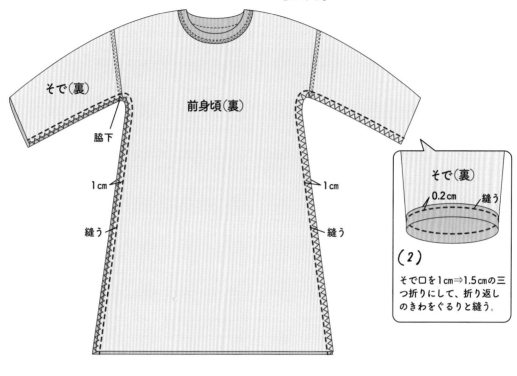

そで（裏）

前身頃（裏）

脇下

1cm

縫う

1cm

縫う

そで（裏）
0.2cm   縫う

（2）
そで口を1cm⇒1.5cmの三つ折りにして、折り返しのきわをぐるりと縫う。

④ すそを縫う

❸の縫い代を後ろ側に倒したら、すそを1cm⇒2cmの三つ折りにして、折り返しのきわをぐるりと縫う。

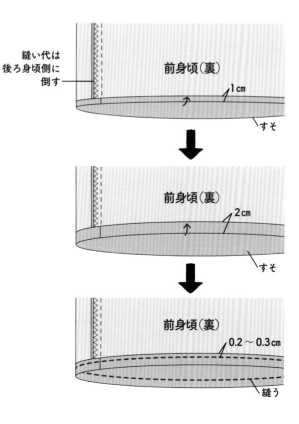

縫い代は
後ろ身頃側に
倒す

前身頃（裏）

1cm

すそ

前身頃（裏）

2cm

すそ

前身頃（裏）

0.2～0.3cm

縫う

シックな

V ネック
ジャンパースカート

深い V ネックですっきり。
コーデュロイやデニムで仕立てると
カジュアルな雰囲気で楽しめます。

できあがりサイズ

着丈：115cm
身幅：M 52cm、L 54cm

【 FRONT 】

手順を最初に確認しよう！

1 えりぐりの見返しをつける

2 そでの見返しをつける

4 そでの見返しを仕上げる

3 両脇を縫う

5 すそを縫う

CHECK!

動画でつくりかたが確認できます！
（YouTubeにとびます）

【 BACK 】

準備 ① 材料を用意する

※作品の布は138cm幅ウールフラノ（ネイビー）を使用しました

□ 布　購入する際は、「110cm幅×250cm」くらいが目安です。

M～L …………… 幅66cm×長さ120cm×1枚（前身頃）
　　　　　　　　　幅66cm×長さ120cm×1枚（後ろ身頃）
　　　　　　　　　見返しは余り布を使用

□ 片面接着芯（薄手）　幅90cm×長さ55cm（見返し）

準備 ② 布を裁ってパーツにする

下の図の寸法を参考に、布を裁断する。前身頃と後ろ身頃は中表で2つに折り、2枚を一度にカットする。

※パーツは縫い代込みの寸法（cm）
※サイズで変わる部分の寸法は「M／L」の順

用意するパーツ

□ 前身頃×1
□ 後ろ身頃×1
□ えりぐり前見返し×1
□ えりぐり後ろ見返し×1
□ そでぐり前見返し×2
□ そでぐり後ろ見返し×2

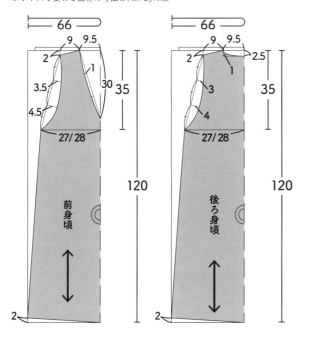

66

9　9.5
2
3.5　1
30　35
4.5
27/28

120

前身頃

2

66

9　9.5
2　2.5
1
3
35
4

27/28

120

後ろ身頃

2

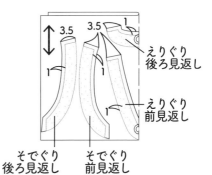

3.5　3.5　1

えりぐり後ろ見返し

えりぐり前見返し

そでぐり後ろ見返し　そでぐり前見返し

見返しは余り布からカットする（19ページ）。
中表で2つに折り、カットする。
※模様部分は接着芯を貼る

51

① えりぐりの見返しをつける

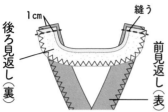

（1）えりぐりの前見返しと後ろ見返しを中表に合わせて、端から1cmの位置で縫い合わせる。縫い代はアイロンで割り、外周にジグザグミシンをかける。

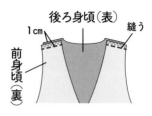

（2）前身頃と後ろ身頃の肩の縫い代にジグザグミシンをかけ、中表で合わせたら、肩を端から1cmの位置で縫い合わせる。縫い代はアイロンで割る。

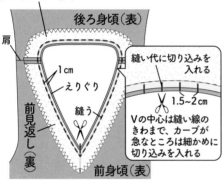

（3）身頃を表に返し、えりぐりに見返しを中表で合わせる。その際、肩線と見返しの縫い目を合わせる。端から1cmの位置で縫い合わせたら、縫い代に切り込みを入れる。

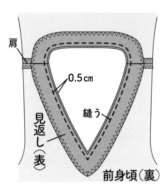

（4）見返しを表に返し、えりぐりを整えながらアイロンで押さえたら、見返しのきわを縫う。

POINT

身頃の表が少しだけ裏側までくるように整えると、見返しが表から見えず、きれいに仕上がる。

② そでの見返しをつける

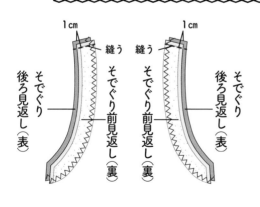

（1）そでぐりの前見返し、後ろ見返しを中表で合わせ、端から1cmの位置で縫い合わせる。縫い代をアイロンで割ったら、端にジグザグミシンをかける。

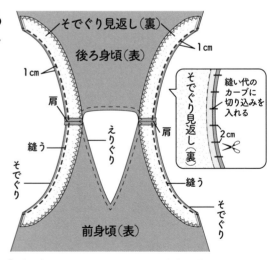

（2）身頃のそでぐりに見返しを中表で合わせ、端から1cmの位置で縫い合わせる。反対側のそでぐりも同様にしたら、縫い代のカーブに切り込みを入れる。

③ 両脇を縫う

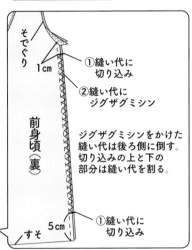

（1）

前身頃と後ろ身頃を中表に合わせ、脇を端から1cmの位置で縫い合わせる。その際、そでぐりの脇下の見返しは外に出しておき、上まで縫うようにする。反対側の脇も同様にする。

（2）

脇下とすそ側の縫い代に図の位置で切り込みを入れたら、その間の縫い代にジグザグミシンをかける。

④ そでの見返しを仕上げる

見返しを表に返し、そでぐりを整えながらアイロンで押さえたら、見返しのきわを縫う。反対側のそでぐりも同様にする。

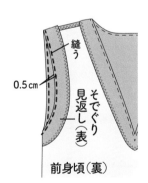

⑤ すそを縫う

すそを1cm⇒3cmの三つ折りにしてから、折り返しのきわをぐるりと縫う。

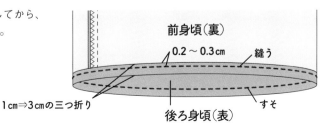

着丈：大人　約110cm
　　　キッズ　80）31.5cm、90）37.5cm、100）43.5cm
　　　（肩ひもは除く）
身幅：大人　M 約50cm　L 約52cm
　　　キッズ　80）31cm、90）33cm、100）35cm

親子コーデの

キャミソール
ワンピース

おそろいのコーデュロイ生地で仕立てました。
大人は切り替えなしですっきりと、キッズは
ギャザーでふんわり広がるデザインです。
丈はお好みで、短くしてもかわいいです。

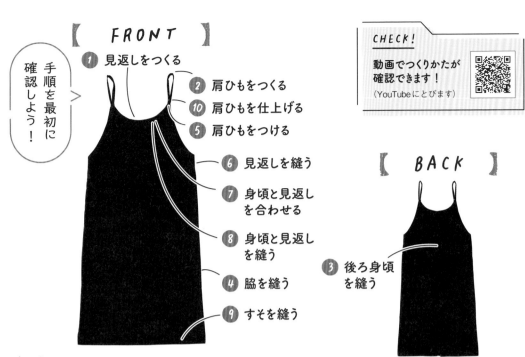

【 FRONT 】

手順を最初に確認しよう！

1 見返しをつくる
2 肩ひもをつくる
10 肩ひもを仕上げる
5 肩ひもをつける
6 見返しを縫う
7 身頃と見返しを合わせる
8 身頃と見返しを縫う
4 脇を縫う
9 すそを縫う

【 BACK 】

3 後ろ身頃を縫う

CHECK!
動画でつくりかたが確認できます！
（YouTubeにとびます）

準備
1 材料を用意する

※作品の布は105cm幅コットンコーデュロイ（木いちご）を使用しました

	□ 布	購入する際は、「110cm幅×310cm」くらいが目安です。
M		幅62cm×長さ115cm×1枚（前身頃）
		幅32cm×長さ115cm×2枚（後ろ身頃）
		幅62cm×長さ35cm×2枚（見返し）
L		幅64cm×長さ115cm×1枚（前身頃）
		幅33cm×長さ115cm×2枚（後ろ身頃）
		幅64cm×長さ35cm×2枚（見返し）
共通		幅3cm×長さ50cm×2枚（肩ひも）
		幅3cm×長さ6cm×2枚（ひも通し）

□ 1cm幅8カン×2個
□ 1cm幅丸カン×2個

＊8カンと丸カンはキャミソールや下着についているものをリユース

準備
2 布を裁ってパーツにする

右の図の寸法を参考に、布を裁断する。前身頃は二つ折りに、後ろ身頃は2枚を重ねて、2枚を一度にカットする。見返しは裁った身頃から形をとる（次ページ参照）。
※パーツは縫い代込みの寸法（cm）
※サイズで変わる部分の寸法は「M/L」の順

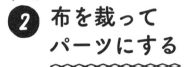

用意するパーツ

□ 前身頃×1　　　□ 後ろ見返し×1
□ 後ろ身頃×2　　□ 肩ひも×2
□ 前見返し×1　　□ ひも通し×2

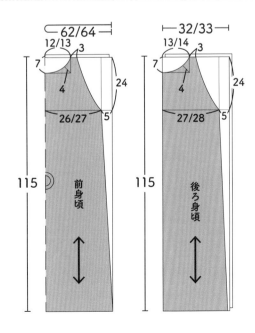

前身頃：62/64、12/13、3、7、4、24、26/27、5、115
後ろ身頃：32/33、13/14、3、7、4、24、27/28、5、115

① 見返しをつくる

見返し布を二つ折りにし、裁った前身頃を重ね、えりぐりとそでぐりを形に沿って切る。後ろ見返しは図のように重ねて同様につくる。

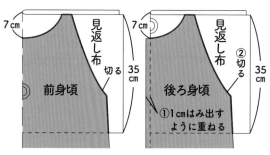

② 肩ひもをつくる

肩ひも布、ひも通し布は、それぞれ両端を0.5cm折り、さらに半分に折って端を縫う。

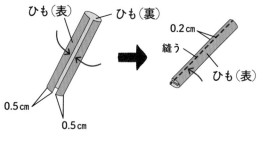

③ 後ろ身頃を縫う

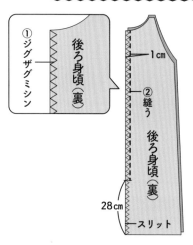

（1）
後ろ身頃の中心側の端にそれぞれジグザグミシンをかけて、2枚を中表に合わせ、スリットを残して縫い合わせる。

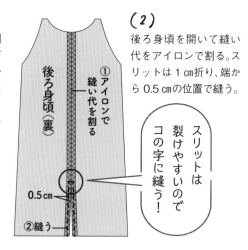

（2）
後ろ身頃を開いて縫い代をアイロンで割る。スリットは1cm折り、端から0.5cmの位置で縫う。

スリットは裂けやすいのでコの字に縫う！

④ 脇を縫う

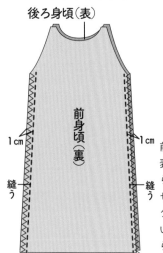

前身頃と後ろ身頃を中表に合わせ、脇を端から1cmの位置で縫い合わせる。縫い代にジグザグミシンをかける。縫い代は後ろ側に倒したら、身頃を表に返す。

⑤ 肩ひもをつける

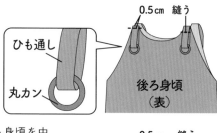

（1）
ひも通しは二つ折りにし、丸カンを通したら、後ろ身頃にのせて仮どめする。

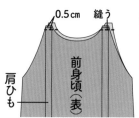

（2）
前身頃に肩ひもをのせ、仮どめする。

6 見返しを縫う

前見返しと後ろ見返しを中表で合わせ、両脇を端から1cmの位置で縫い合わせる。縫い代にジグザグミシンをかけ、後ろ側に倒す。すそを三つ折りにしてきわを縫う。

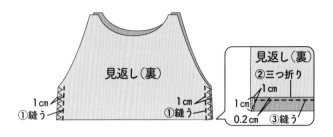

見返し（裏）

1cm
①縫う
1cm
①縫う

見返し（裏）
②三つ折り
1cm
1cm
0.2cm　③縫う

7 身頃と見返しを合わせる

身頃に見返しをかぶせ、中表に合わせる。

肩ひも
見返し（裏）
身頃（表）

8 身頃と見返しを縫う

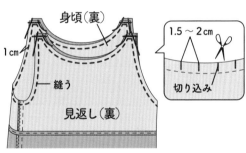

身頃（裏）
1cm
縫う
見返し（裏）
1.5～2cm
切り込み

（1）そでぐり～肩～えりぐりと、端から1cmの位置で縫い合わせたら、肩の余分な縫い代をカットし、カーブの縫い代に切り込みを入れる。

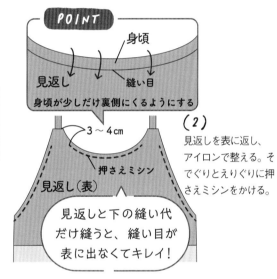

POINT
身頃
見返し　←　縫い目
身頃が少しだけ裏側にくるようにする

3～4cm
押さえミシン
見返し（表）

（2）見返しを表に返し、アイロンで整える。そでぐりとえりぐりに押さえミシンをかける。

見返しと下の縫い代だけ縫うと、縫い目が表に出なくてキレイ！

9 すそを縫う

身頃のすそを1cm⇒1.5cmの三つ折りにして、折り返しのきわをぐるりと1周縫う。

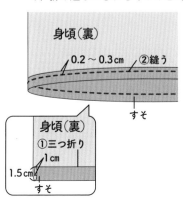

身頃（裏）
0.2～0.3cm　②縫う
すそ

身頃（裏）
①三つ折り
1cm
1.5cm
すそ

10 肩ひもを仕上げる

図のように肩ひもをひも通しに通して、仕上げる。

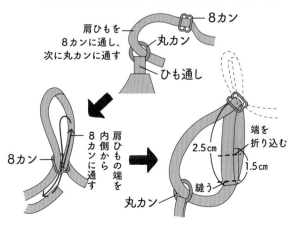

肩ひもを
8カンに通し、
次に丸カンに通す
8カン
丸カン
ひも通し

8カン
肩ひもの端を内側から8カンに通す
丸カン

端を折り込む
2.5cm
1.5cm
縫う

キャミソールワンピース
キッズ服アレンジ

準備
① 材料を用意する

CHECK!

動画でつくりかたが
確認できます！
（YouTubeにとびます）

※作品の表地は大人服と同様です
※身頃の裏地は前身頃、後ろ身頃と同サイズのコットン布を1枚ずつ用意します

80 サイズ	90 サイズ	100 サイズ
□ 布	□ 布	□ 布
幅33cm×長さ10cm×1枚（前身頃）	幅35cm×長さ11cm×1枚（前身頃）	幅37cm×長さ12cm×1枚（前身頃）
幅33cm×長さ7cm×1枚（後ろ身頃）	幅35cm×長さ7.5cm×1枚（後ろ身頃）	幅37cm×長さ8cm×1枚（後ろ身頃）
幅66cm×長さ27cm×2枚（スカート）	幅70cm×長さ32cm×2枚（スカート）	幅74cm×長さ37cm×2枚（スカート）
幅4cm×長さ49cm×2枚（肩ひも）	幅4cm×長さ52cm×2枚（肩ひも）	幅4cm×長さ55cm×2枚（肩ひも）
幅4cm×長さ4.5cm×2枚（ひも通し）	幅4cm×長さ4.5cm×2枚（ひも通し）	幅4cm×長さ4.5cm×2枚（ひも通し）

購入する際は110cm幅の場合、80サイズは70cm、90サイズは80cm、100サイズは100cmくらいが目安です（裏地分は除く）。

準備
**② 布を裁って
パーツにする**

右図の寸法を参考に、それぞれ中表で
2つに折り、2枚を一度にカットする。
※パーツは縫い代込みの寸法（cm）
※サイズで変わる部分の寸法は「80サイズ/90
サイズ/100サイズ」の順

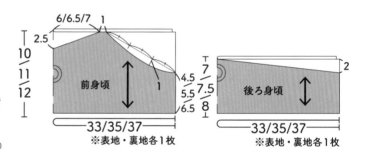

① 肩ひもをつくる

肩ひも布、ひも通し布は、それぞれ両端を
中心に向かって折り、さらに半分に折って
端を縫う。

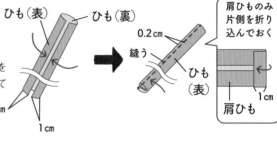

② 肩ひもをつける

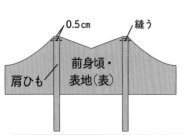

（1）
前身頃・表
地に肩ひも
をのせ、仮
どめする。

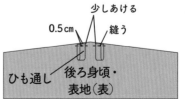

（2）
ひも通しは二つ折
りにし、後ろ身
頃・表地にのせて
仮どめする。

③ 脇を縫う

前身頃・表地と後ろ身頃・表地を中表に合わせ、脇を端から1cmの位置で縫い合わせる。縫い代はアイロンで割る。裏地も同様にする。

前身頃・表地（表）

後ろ身頃・表地（裏）

1cm 縫う

1cm 縫う

④ 表地と裏地を縫う

表地と裏地を中表に合わせ、そでぐり～肩～えりぐりと、端から1cmの位置で縫い合わせて、縫い代を整える。表に返し、アイロンで整える。

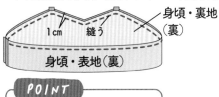

身頃・裏地（裏）

1cm 縫う

身頃・表地（裏）

POINT

余分な縫い代をカットし、切り込みを入れる。

中心

前身頃

V字の切り込み

⑤ スカートの脇を縫う

スカート布2枚を中表に合わせて、両脇を端から1cmの位置で縫い合わせる。縫い代にジグザグミシンをかける。

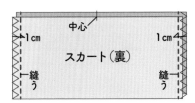

中心

1cm

1cm

スカート（裏）

縫う

縫う

⑥ スカートのすそを縫う

❺の縫い代を後ろ側に倒したら、すそを三つ折りにして、折り返しのきわをぐるりと縫う。上側のスカート中心に印をつけておく。

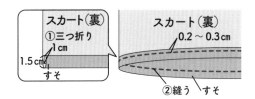

スカート（裏）
①三つ折り
1cm
1.5cm
すそ

スカート（裏）
0.2～0.3cm
②縫う すそ

⑦ ギャザーを寄せ、上下を縫い合わせる

※ギャザーの寄せ方は27ページを参照

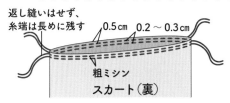

返し縫いはせず、糸端は長めに残す
0.5cm 0.2～0.3cm
粗ミシン
スカート（裏）

（1）❻の上端から0.5cmの位置にぐるりと粗ミシンをかける。そこからさらに0.2～0.3cmの位置にもぐるりと粗ミシンをかける。

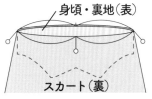

身頃・裏地（表）

スカート（裏）

（2）スカートの中に身頃を入れ、身頃のすそとスカートの上端を中表に合わせる。両脇と中心の位置をまち針でとめる。

1cm 縫う

スカート（裏）

（3）粗ミシンの糸端を引いて、ギャザーを寄せる。全体にギャザーを寄せたら、端から1cmの位置でぐるりと縫い合わせる。粗ミシンの糸を抜き、縫い代にジグザグミシンをかける。

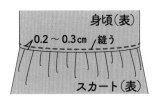

身頃（表）

0.2～0.3cm 縫う

スカート（表）

（4）表に返し、縫い代を上側に倒して、身頃とスカートの縫い目のきわをぐるりと縫う。肩ひもはひも通しに通して、後ろでちょう結びをする。

ふんわりシルエットの

ブラウジング
ワンピース

トップがふんわり空気をまとうような
涼しげなワンピースです。生地は
リネンやハーフリネン、ブロードがおすすめ。

できあがりサイズ

着丈：123.5cm
身幅：54cm

【 FRONT 】

① 身頃の肩を縫い、見返しをつける

② 脇とそでを縫う

⑤ 身頃とスカートを合わせ、ウエストを仕上げる

③ スカートを縫う

④ すそを縫う

手順を最初に確認しよう！

CHECK!
動画でつくりかたが確認できます！
（YouTubeにとびます）

【 BACK 】

準備 ① 材料を用意する

※作品の布は110cm幅コットンリネン（カーキベージュ）を使用しました

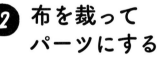

□ 布	購入する際は、「110cm幅×280cm」くらいが目安です。

M～L ………… 幅76cm×長さ50cm× 2枚（身頃）
幅78cm×長さ84cm× 2枚（スカート）
＊身幅やスカート丈を調整する場合は、上身頃の横幅＋22cm×スカート丈＋4cmにする
見返しは余り布を使用

□ 片面接着芯（薄手）　　幅35cm×長さ30cm（見返し）

□ 2.5cm幅ゴムテープ　　ウエスト寸法＋2cm

準備 ② 布を裁ってパーツにする

右の図の寸法を参考に、布を裁断する。それぞれ中表で2つに折り、2枚を一度にカットする。
※パーツは縫い代込みの寸法(cm)

用意するパーツ

□ 前身頃×1

□ 後ろ身頃×1

□ スカート×2

□ 前見返し×1

□ 後ろ見返し×1

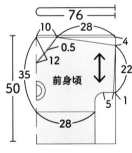

76
10　28
0.5
12
4
35　前身頃　22
50
5　1
28

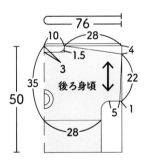

76
10　28
1.5
3
4
35　後ろ身頃　22
50
5　1
28

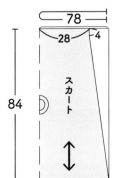

78
28　4
スカート
84

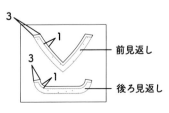

3
1
前見返し
3
1
後ろ見返し

見返しは余り布からカットする（19ページ）。
※模様部分は接着芯を貼る

① 身頃の肩を縫い、見返しをつける

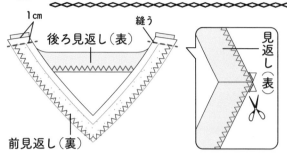

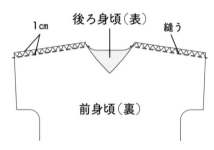

（1） 前見返しと後ろ見返しを中表に合わせて、端から1cmの位置で縫い合わせる。縫い代はアイロンで割り、見返しからはみ出た部分をはさみでカットしたら、見返しの外周にぐるりとジグザグミシンをかける。

（2） 前身頃と後ろ身頃を中表で合わせ、肩を端から1cmの位置で縫い合わせる。縫い代にジグザグミシンをかけ、後ろ身頃側に倒す。

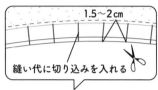

（3） 身頃は表を上にして置き、えりぐりに見返しを中表に合わせる。肩線と見返しの縫い目を合わせて、えりぐりの端から1cmの位置でぐるりと縫い合わせ、カーブの縫い代に切り込みを入れる。

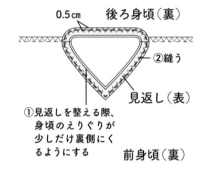

（4） 見返しを表に返し、えりぐりを整えながらアイロンで押さえたら、えりぐりの端から0.5cmの位置でぐるりと縫う。

② 脇とそでを縫う

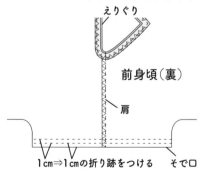

（1） そで口を1cm⇒1cmの三つ折りになるよう、アイロンで折り跡をつける。

（3） そで口の折り跡を折り直し、折り返しのきわをぐるりと縫う。反対側のそで口も同様にする。

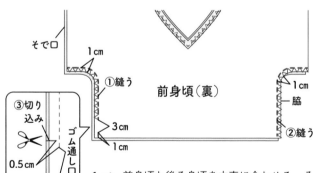

（2） 前身頃と後ろ身頃を中表に合わせる。そでから脇にかけて、端から1cmの位置で縫い合わせる。その際、片側だけ3cmのゴム通し口を縫い残す。図の位置に切り込みを入れ、そこから上の縫い代にジグザグミシンをかける。反対側は縫い代全体にかけ、縫い代は後ろ側に倒す。ゴム通し口の縫い代はアイロンで割る。

③ スカートを縫う

スカート布2枚を中表に合わせ、両脇を端から1cmの位置で縫い合わせる。縫い代にジグザグミシンをかけたら、後ろ側に倒す。

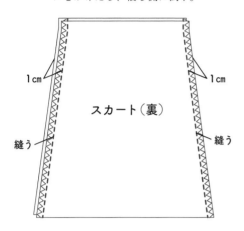

1cm
1cm
縫う
縫う
スカート（裏）

④ すそを縫う

スカートのすそを1cm⇒2cmの三つ折りにして、折り返しのきわをぐるりと縫う。

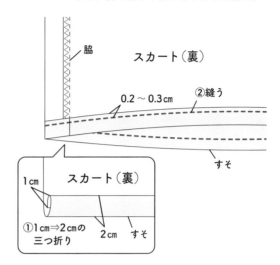

脇
スカート（裏）
0.2〜0.3cm
②縫う
すそ

1cm
スカート（裏）
①1cm⇒2cmの三つ折り
2cm
すそ

⑤ 身頃とスカートを合わせ、ウエストを仕上げる

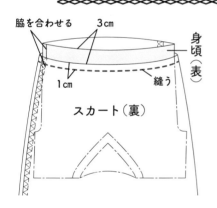

脇を合わせる
3cm
身頃（表）
1cm
縫う
スカート（裏）

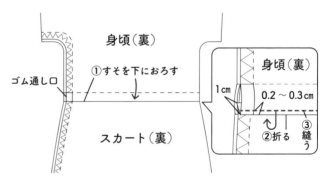

身頃（裏）
①すそを下におろす
ゴム通し口
スカート（裏）

身頃（裏）
1cm
0.2〜0.3cm
②折る
③縫う

（1） 身頃を表に返し、頭からスカートの中に入れ、図の位置で中表に合わせる。スカートの端から1cmの位置でぐるりと縫い合わせる。

（2） 身頃をスカートから出し、身頃のすそを下におろしアイロンで押さえる。身頃のすそから1cmの位置で内側に折り返し、折り返しのきわをぐるりと縫ってゴム通しをつくる。

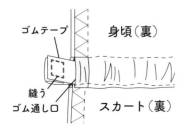

ゴムテープ
身頃（裏）
縫う
ゴム通し口
スカート（裏）

（3） ゴム通し口からゴムテープを通したら、ゴムの両端を重ねて縫いとめる。

お気に入りの服で パターンをとってみよう！

お気に入りの服を違う柄でつくりたい、くたびれてきた服を新しい布で
仕立て直したいという方、かんたんにパターンがとれる方法をお教えします！
えりのないトップスなら、はじめてさんでもすぐにできますよ。

用意するもの

□ パターンをとりたいトップス
（えりやボタンのないもの）
＊コットンやリネンなど伸縮
性のないものがとりやすい

□ 布
（元の服の幅＋5cm）×
（つくりたい丈＋4cm）×2枚

□ 印つけペン

□ 定規

□ 裁ちばさみ

① 後ろ身頃のパターンをとる

（裏）
元の
トップス

丈は好みの長さでOK

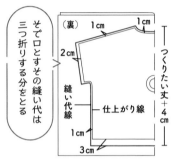

そで口とすそのの縫い代は
三つ折りする分をとる

（裏）　1cm　　1cm
2cm
縫い代線
仕上がり線
1cm
3cm
つくりたい丈＋4cm

1 中表で二つ折りにした布の上に、パターンをとりたいトップスを置き、わの位置で合わせる。トップスの形に沿ってペンでなぞる。

2 1の線から縫い代の幅を測り、縫い代線を引く。えりぐり、肩、脇は1cm、そで口は2cm（1cm幅の三つ折り分）、すそは3cm（1cm⇒2cm幅の三つ折り分）の縫い代をとり、縫い代線で布を裁つ。

② 前身頃のパターンをとる

（裏）

❶の
後ろ身頃

もう1枚の布を二つ折りし、その上に二つ折りにした❶の後ろ身頃を置き、わの位置で合わせたら、形に沿ってペンでなぞる。

③ 前身頃のえりぐりをなぞる

前身頃のえりぐりが出るように元の服を重ねる

えりぐりの端の位置で合わせる

（裏）　1cm

元の服の
前身頃

1 えりぐりの仕上がり線を引き、えりぐりの端の位置に合わせて、元のトップスの前身頃のえりぐりを重ねる。えりぐりのラインをペンでなぞる。

（裏）

仕上がり線
1cm

縫い代線

2 前身頃のえりぐりの線に縫い代幅1cmを足して、縫い代線をペンで引く。縫い代線で布を裁つ。

Lesson 3

型紙なしで作る

ボトムス&アウター

スカート、キュロット、パンツは股下の長さを調節すれば
好みの丈でつくることができます。
初心者にもつくりやすいアウターも紹介！

たっぷり

ギャザー
スカート

まっすぐに裁ち、まっすぐに縫うだけで
かんたんにつくれるスカート。
かわいいふんわり
シルエットに仕上がります。

できあがりサイズ

ウエスト：216cm（ゴムを通す前）
スカート丈：85cm

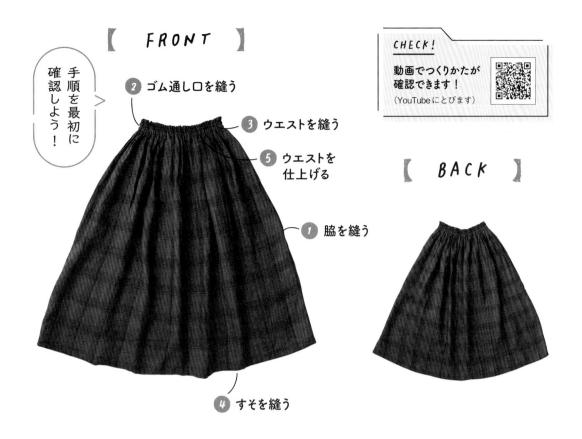

【 FRONT 】

手順を最初に確認しよう！

② ゴム通し口を縫う

③ ウエストを縫う

⑤ ウエストを仕上げる

① 脇を縫う

④ すそを縫う

CHECK!

動画でつくりかたが確認できます！

（YouTubeにとびます）

【 BACK 】

準備
① **材料を用意する**

※作品の布は145cm幅リネン（マドラスチェック／ベリー）を使用しました

□ **布**　購入する際は、「110cm幅×200cm」くらいが目安です。

M〜L ……………… **幅110cm×長さ93.5cm×2枚（スカート）**
＊スカート丈を調整する場合は、長さをお好みの丈＋8.5cmにする

□ **1cm幅ゴムテープ**　　**ウエスト寸法＋2cm×2本**

① **脇を縫う**

スカート布2枚を中表に合わせ、脇を端から1cmの位置で縫い合わせる。その際、片側の脇はゴム通し口を3cm縫い残す。

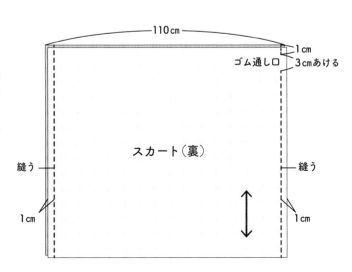

110cm

1cm

ゴム通し口　3cmあける

スカート（裏）

縫う　　　　縫う

1cm　　　　1cm

② ゴム通し口を縫う

図の位置に切り込みを入れ、そこから下の縫い代にジグザグミシンをかける。反対側は縫い代全体にかけ、縫い代は後ろ側に倒す。ゴム通し口の縫い代はアイロンで割り、口のまわりを四角く縫う。

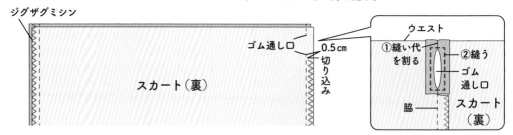

③ ウエストを縫う

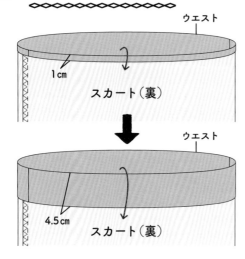

（1）ウエストを端から1cm折り、さらに4.5cm折る。

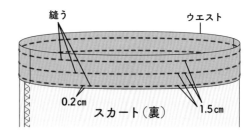

（2）折り返しのきわをぐるりと1周縫う。縫い目から1.5cm上、さらに1.5cm上と2か所をぐるりと縫って、ゴム通しをつくる。

④ すそを縫う

スカートのすそを1cm⇒2cmの三つ折りにして、折り返しのきわをぐるりと1周縫う。

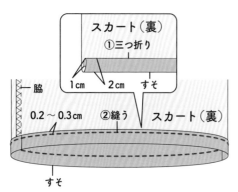

⑤ ウエストを仕上げる

ゴム通し口からゴムテープを通したら、ゴムの両端を重ねて縫いとめる。ゴムは2本入れる。

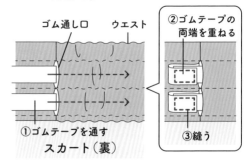

きちんと感もある

タック
スカート

太めのタックで、ロング丈でも
すっきり見えるデザイン。
ウエストはゴム入りベルトなので、
楽に着られます。
便利な両側ポケットつき。

できあがりサイズ

ウエスト：104㎝（ゴムを通す前）
スカート丈：80㎝

【 FRONT 】

手順を最初に確認しよう！

⑤ ベルトをつくる

⑥ ウエストを仕上げる

② ポケットをつける

① タックをたたむ

③ 脇を縫う

④ すそを縫う

【 BACK 】

CHECK!

動画でつくりかたが確認できます！

（YouTubeにとびます）

準備

① 材料を用意する

※作品の布は110cm幅リネン混ダンガリー（シックブルー）を使用しました

□ 布　購入する際は、「110cm幅×230cm」くらいが目安です。

M～L ·············· 幅102cm×長さ85cm× 2 枚（スカート）
　　　　　　　　幅54cm×長さ10cm× 2 枚（ベルト）
　　　　　　　　幅19cm×長さ30cm× 4 枚（ポケット）

□ 2cm幅ゴムテープ　　　　ウエスト寸法＋2cm

---

① タックをたたむ

スカート布の横幅にそれぞれ印をつけて（図の寸法はcm）、図のようにタックをたたんで、端から0.5cmの位置をミシンで仮止めする。もう1枚も同様にする。

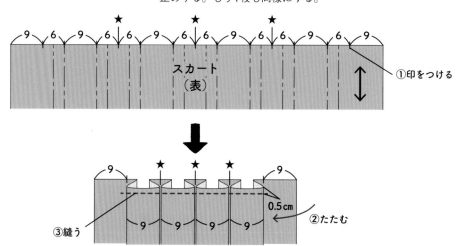

② ポケットをつける

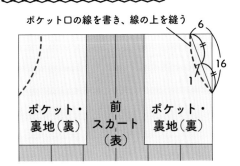

ポケット口の線を書き、線の上を縫う

6
16
1

ポケット・裏地（裏）　前スカート（表）　ポケット・裏地（裏）

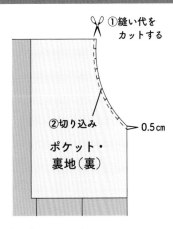

①縫い代をカットする

②切り込み　0.5cm

ポケット・裏地（裏）

（1） 前スカートの表を上にして置き、左右の上端にポケット・裏地を中表で合わせる。図のように、ポケット口のカーブを書いて、その上を縫う。

（2） 縫い代を0.5cm残してカットし、カーブに切り込みを入れる。

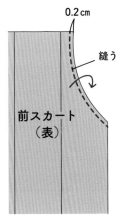

0.2cm
縫う
前スカート（表）

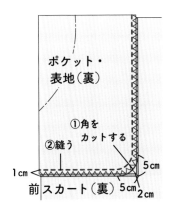

ポケット・表地（裏）
①角をカットする
②縫う
5cm
1cm　前スカート（裏）　5cm　2cm

ポケット・表地（表）
0.5cm　縫う
前スカート（表）
縫う
0.5cm

（3） ポケット・裏地を裏返し、スカートの表から押さえミシンをかける。

（4） 裏に返し、ポケット・裏地とポケット・表地を中表で合わせ、角を図のように2枚合わせてカットして、裏地と表地を縫い合わせる。縫い代にジグザグミシンをかける。

（5） ポケットとスカートがずれないように、端を仮止めする。反対側も（1）～（5）と同様にする。

③ 脇を縫う

スカート2枚を中表に合わせ、脇を端から1cmの位置で縫い合わせる。縫い代にジグザグミシンをかけ、縫い代は後ろ側に倒す。

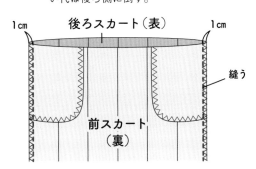

1cm　後ろスカート（表）　1cm
縫う
前スカート（裏）

④ すそを縫う

スカートのすそを1cm⇒3cmの三つ折りにして、折り返しのきわをぐるりと1周縫う。

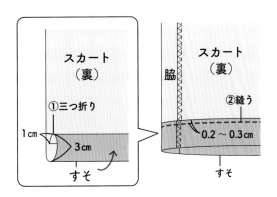

スカート（裏）
①三つ折り
1cm　3cm
すそ

スカート（裏）
脇
②縫う
0.2～0.3cm
すそ

⑤ ベルトをつくる

（1） ベルト布2枚を中表で合わせ、端から1cmの位置で両側を縫い合わせる。その際、片側だけゴム通し口を3.5cm縫い残す。

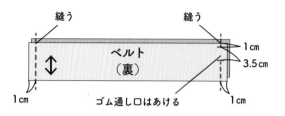

縫う　縫う
ベルト（裏）
1cm
3.5cm
ゴム通し口はあける
1cm　1cm

（2） 縫い代をアイロンで割る。

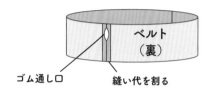

ベルト（裏）
ゴム通し口
縫い代を割る

（3） 上から1cmの位置で折る。

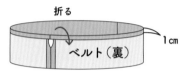

折る
ベルト（裏）
1cm

⑥ ウエストを仕上げる

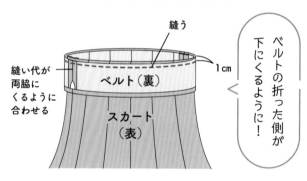

縫う
縫い代が両脇にくるように合わせる
ベルト（裏）
1cm
スカート（表）

ベルトの折った側が下にくるように！

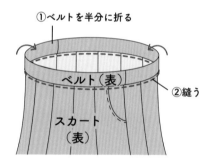

①ベルトを半分に折る
ベルト（表）
②縫う
スカート（表）

（1） スカートにベルトをかぶせて中表に合わせる。端から1cmの位置で縫い合わせる。

（2） ベルト布を上にめくって、上半分を内側に折り、（1）の縫い目が隠れるように0.3cmくらい布をかぶせて、ベルトの端をまち針でとめる。表側から落としミシンをかける。

（3） ゴム通し口からゴムテープを通して、ゴムの両端を重ねて縫いとめる。

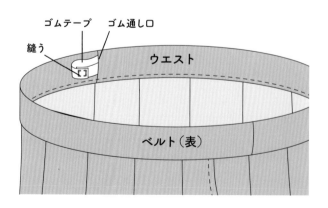

ゴムテープ　ゴム通し口
縫う
ウエスト
ベルト（表）

ウエスト：大人　114cm
　　　　　キッズ　80）74cm、90）約78cm、100）約82cm
　　　　　（ゴムを通す前）
パンツ丈：大人　約89cm
　　　　　キッズ　80）33cm、90）38cm、100）44cm

ざっくりはける

ガウチョ
パンツ

両脇にポケットもついて
機能的なゆったりパンツ。
股下の長さを調節すれば、
好みの丈にできます。
布ちがいのおそろいで
キッズサイズもつくりました。

【 FRONT 】

手順を最初に確認しよう！

⑦ ウエストを仕上げる

⑥ ベルトをつくる

① ポケットをつける

④ 股上を縫う

② 脇を縫う

③ 股下を縫う

⑤ すそを縫う

CHECK!

動画でつくりかたが確認できます！
（YouTubeにとびます）

【 BACK 】

準備
① 材料を用意する

◇◇◇◇◇◇◇◇◇◇◇◇◇◇◇

※作品の布は150cm幅リネン（マルチチェック／ネイビー）を使用しました

☐ 布　　購入する際は、「110cm幅×200cm」くらいが目安です。

M～L ・・・・・・・・・・・ 幅37cm×長さ90cm× 2 枚（前パンツ）
　　　　　　　　幅39cm×長さ92cm× 2 枚（後ろパンツ）
　　　　　　　　幅59cm×長さ9cm× 2 枚（ベルト）
　　　　　　　　幅19cm×長さ30cm× 4 枚（ポケット）

☐ 2.5cm幅ゴムテープ　　　　　ウエスト寸法＋2cm

準備
② 布を裁って パーツにする

◇◇◇◇◇◇◇◇◇◇◇◇◇◇◇

右の図の寸法を参考に、布を裁断する。
前パンツ、後ろパンツは2枚を中表で重ね、2枚を一度にカットする。
※パーツは縫い代込みの寸法(cm)

用意するパーツ

☐ 前パンツ×2

☐ 後ろパンツ×2

☐ ベルト×2

☐ ポケット×4

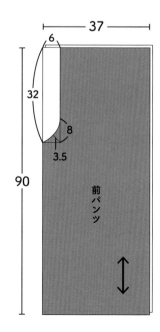

37
6
32
8
3.5
90
前パンツ

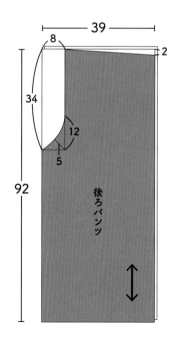

39
8
2
34
12
5
92
後ろパンツ

① ポケットをつける

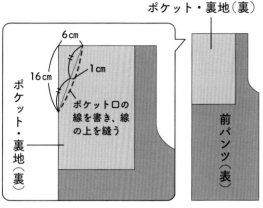

ポケット・裏地（裏）

ポケット・裏地（裏）

6cm

16cm　1cm

ポケット口の線を書き、線の上を縫う

ポケット・裏地（裏）

前パンツ（表）

（1）前パンツ布の表を上にして置き、ポケット・裏地を中表で合わせる。図のように、ポケット口のカーブを書いて、その上を縫う。

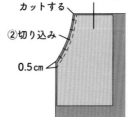

①縫い代をカットする

②切り込み

0.5cm

（2）縫い代を0.5cm残してカットし、カーブに切り込みを入れる。

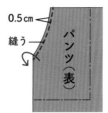

0.5cm

縫う

パンツ（表）

（3）ポケット・裏地を裏返し、パンツの表から押さえミシンをかける。

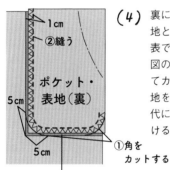

1cm

②縫う

ポケット・表地（裏）

5cm

5cm

①角をカットする

ポケット・裏地（表）

（4）裏に返したポケット・裏地とポケット・表地を中表で合わせ、両方の角を図のように2枚を合わせてカットして、裏地と表地を縫い合わせる。縫い代にジグザグミシンをかける。

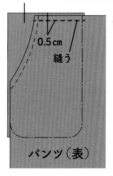

ポケット・表地（表）

0.5cm

縫う

パンツ（表）

（5）ポケットとパンツがずれないように、端を仮止めする。もう1枚の前パンツにも（1）～（5）と同様にポケットをつける。

② 脇を縫う

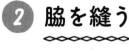

前パンツ（表）

後ろパンツ（裏）

端のところはポケットもいっしょに縫おう！

1cm

縫う

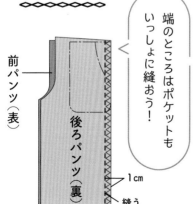

前パンツと後ろパンツを中表に合わせ、脇を端から1cmの位置で縫い合わせる。縫い代にジグザグミシンをかける。もう1枚も同様にする。

③ 股下を縫う

前パンツ（表）

股

後ろパンツ（裏）

股下を縫う前にすそに三つ折りの跡をつけておいても◎

1cm

縫う

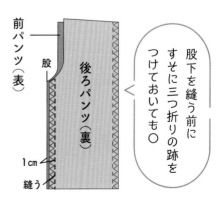

前パンツと後ろパンツを股でそろえて、股下を端から1cmの位置で縫い合わせる。縫い代はジグザグミシンをかけ、後ろ側に倒す。もう1枚も同様にする。

④ 股上を縫う

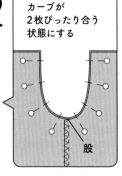

カーブが
2枚ぴったり合う
状態にする

(1) パンツを1本だけ表に返し、もう1本の中に入れ、中表に合わせる。股の位置で合わせ、股上のカーブ全体も合わせる。

(2) 股上を端から1cmの位置で縫い合わせ、縫い代にジグザグミシンをかける。中に入れたほうのズボンを表に出しておく。

⑤ すそを縫う

パンツのすそを1cm⇒2cmの三つ折りにして、折り返しのきわをぐるりと1周縫う。もう一方のすそも同様にする。

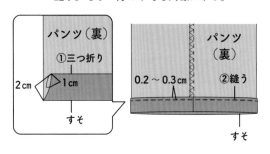

⑥ ベルトをつくる

ベルト布2枚を中表で合わせ、端から1cmの位置で縫い合わせる。その際、片側だけゴム通し口を3.5cm縫い残す。次に縫い代をアイロンで割って、上から1cmの位置で折る。

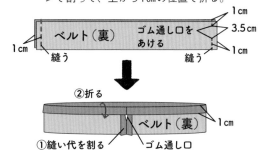

⑦ ウエストを仕上げる

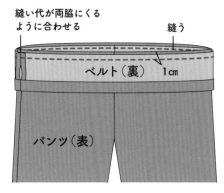

(1) パンツにベルトをかぶせて中表に合わせる。端から1cmの位置で縫い合わせる。

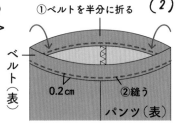

(2) ベルト布を上にめくったら、上半分を内側に折り、（1）の縫い目が0.1～0.2cmくらい隠れるようにベルトの端を重ねて、まち針でとめる。表側から押さえミシンをかける。

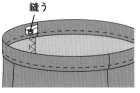

(3) 仕上げにゴム通し口からゴムテープを通し、ゴムの両端を重ねて縫いとめる。

76

ガウチョパンツ
キッズ服アレンジ

準備 ① 材料を用意する

CHECK!
動画でつくりかたが
確認できます！
（YouTubeにとびます）

※作品の布は110cm幅ラミーリネン（サックスグレー）を使用しました

共通

□ 2.5cm幅ゴムテープ　　ウエスト寸法＋2cm

80サイズ

□ 布

幅24cm×長さ33cm×2枚（前パンツ）

幅28cm×長さ35cm×2枚（後ろパンツ）

幅76cm×長さ9cm×1枚（ベルト）

幅21cm×長さ16cm×2枚（ポケット）

90サイズ

□ 布

幅25cm×長さ38cm×2枚（前パンツ）

幅29.5cm×長さ40cm×2枚（後ろパンツ）

幅80cm×長さ9cm×1枚（ベルト）

幅22cm×長さ17cm×2枚（ポケット）

100サイズ

□ 布

幅26cm×長さ44cm×2枚（前パンツ）

幅31cm×長さ46cm×2枚（後ろパンツ）

幅84cm×長さ9cm×1枚（ベルト）

幅23cm×長さ18cm×2枚（ポケット）

購入する際は110cm幅の場合、80サイズは80cm、90サイズは85cm、100サイズは95cmくらいが目安です。

準備 ② 布を裁ってパーツにする

右の図の寸法を参考に、それぞれ2枚を中表に重ね、2枚を一度にカットする。
※パーツは縫い代込みの寸法（cm）
※サイズで変わる部分の寸法は「80サイズ/90サイズ/100サイズ」の順

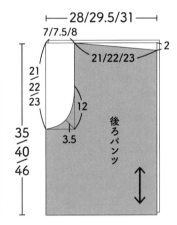

つくりかたの流れは、大人服と同様。ポケット口のカーブ寸法は、右の図を参照する。ポケットは横長の布を折り返して使う。ベルトはベルト布1枚を中表に二つ折りにして縫い、パンツと縫い合わせる際は、縫い代が後ろ中心にくるようにする。

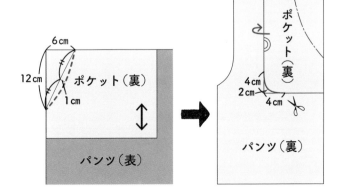

スカートみたいな

ギャザー
キュロット

たっぷりと布を使ったキュロットです。
一見スカートのようですが、股のところで分かれ
ているので、とても動きやすいデザインです。

できあがりサイズ

ウエスト：M 〜 L 152cm、L 〜 LL 158cm
　　　　　（ゴムを通す前）
スカート丈：M 〜 L 77cm、L 〜 LL 80cm

【 FRONT 】

手順を最初に確認しよう！

④ ウエストを縫い、ゴムを入れる

③ 股上を縫う

① 股下を縫う

② すそを縫う

【 BACK 】

CHECK!

動画でつくりかたが確認できます！
（YouTubeにとびます）

準備 ① 材料を用意する

※作品の布は100㎝幅コットンリネン（グリーン）を使用しました

□ 布　　購入する際は、「110㎝幅×180㎝」くらいが目安です。

　M〜L ················· 幅103cm×長さ85.5cm× 2枚（パンツ）

　L〜LL ················· 幅106cm×長さ88.5cm× 2枚（パンツ）

□ 2cm幅ゴムテープ　　　ウエスト寸法＋2cm

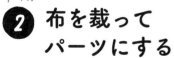

準備 ② 布を裁ってパーツにする

右の図の寸法を参考に、布を裁断する。2枚を中表で重ね、2枚を一度にカットする。
※パーツは縫い代込みの寸法（㎝）
※サイズで変わる部分の寸法は「M/L」の順

用意するパーツ

□ 右パンツ×1

□ 左パンツ×1

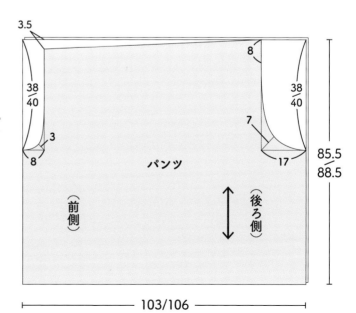

3.5

38／40

3

8

8

38／40

7

17

パンツ

（前側）

（後ろ側）

85.5／88.5

103/106

① 股下を縫う

パンツ布をたてに半分に折り、股をそろえて、股下を端から1cmの位置で縫い合わせる。縫い代にジグザグミシンをかけたあと、縫い代は後ろ側に倒しておく。もう1枚も同様にする。

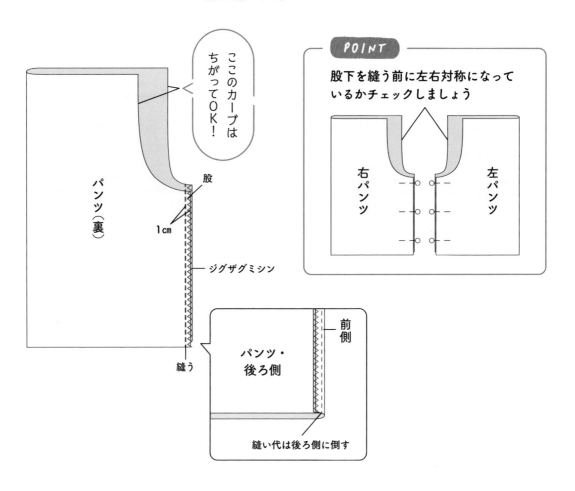

ここのカーブはちがってOK！

パンツ（裏）

股

1cm

ジグザグミシン

縫う

パンツ・後ろ側

前側

縫い代は後ろ側に倒す

POINT

股下を縫う前に左右対称になっているかチェックしましょう

右パンツ　左パンツ

② すそを縫う

すそを端から1cm⇒3cmの三つ折りにして、折り返しのきわをぐるりと1周縫う。もう1本も同様にする。

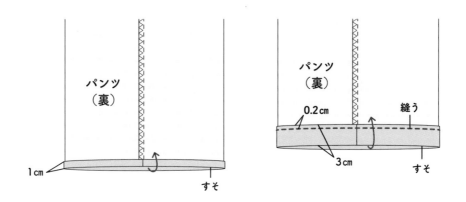

パンツ（裏）

1cm

すそ

パンツ（裏）

0.2cm

3cm

縫う

すそ

③ 股上を縫う

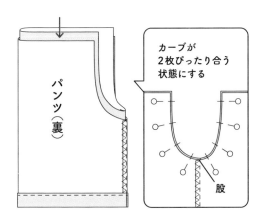

カーブが
2枚ぴったり合う
状態にする

パンツ（裏）

股

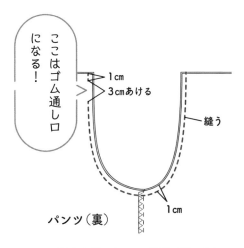

ここはゴム通し口
になる！

1cm
3cmあける

縫う

1cm

パンツ（裏）

(1) パンツのどちらか1本だけ表に返し、もう1本の中に入れ、中表に合わせる。股の位置で合わせ、股上のカーブをそろえる。

(2) 股上を端から1cmの位置で縫い合わせる。その際、ゴム通し口の3cmを縫い残すようにする。

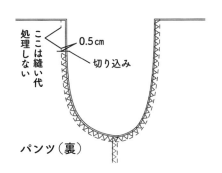

ここは縫い代処理しない

0.5cm
切り込み

パンツ（裏）

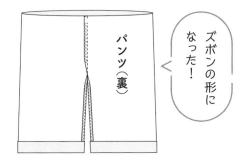

ズボンの形に
なった！

パンツ（裏）

(3) ゴム通し口の下0.5cmの縫い代に切り込みを入れる。切り込みから内側にジグザグミシンをかける。

(4) 中に入れた1本を出すとズボンの形に。

④ ウエストを縫い、ゴムを入れる

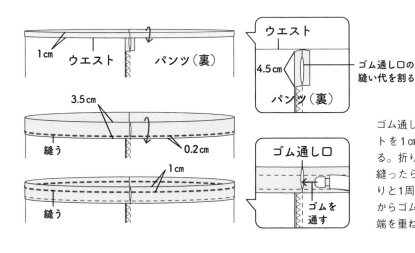

1cm
ウエスト
パンツ（裏）

3.5cm
縫う
0.2cm

1cm
縫う

ウエスト

4.5cm
パンツ（裏）

ゴム通し口の
縫い代を割る

ゴム通し口

ゴムを
通す

ゴム通し口の縫い代を割り、ウエストを1cm⇒3.5cmの三つ折りにする。折り返しのきわをぐるりと1周縫ったら、上から1cmの位置をぐるりと1周縫う。仕上げにゴム通し口からゴムテープを通して、ゴムの両端を重ねて縫い合わせる。

ゆったり

キャミソール
サロペット

人気のサロペットも手づくりで！
ワイドパンツで着やすく、動きやすい
ワンマイルコーデに活躍しそうです。

できあがりサイズ

着丈：121cm（肩ひもは除く）
身幅：50cm

82

【 F R O N T 】

手順を最初に確認しよう！

1. 見返しをつくる
2. 肩ひもをつくる
7. 肩ひもをつける
9. 肩ひもを仕上げる
8. パンツと見返しを縫う
6. 股上を縫う
4. 脇を縫う
5. 股下を縫う
10. すそを縫う

CHECK!

動画でつくりかたが確認できます！
（YouTube にとびます）

【 B A C K 】

3. ポケットをつける

準備 1

材料を用意する

※作品の布は112cm幅コットンライトキャンバス（カーキベージュ）を使用しました

準備 2

布を裁ってパーツにする

右の図の寸法を参考に、布を裁断する。前パンツ、後ろパンツは2枚を重ね、2枚を一度にカットする。見返しは裁ったパンツから形をとる（次ページ参照）。
※パーツは縫い代込みの寸法（cm）

用意するパーツ

- □ 前パンツ×2
- □ 後ろパンツ×2
- □ 前見返し×1
- □ 後ろ見返し×1
- □ 肩ひも×2
- □ ひも通し×2
- □ ポケット×2

□ 布　購入する際は、「110cm幅×290cm」くらいが目安です。

M～L ………… 幅36cm×長さ125cm× 2 枚（前パンツ）
幅38cm×長さ125cm× 2 枚（後ろパンツ）
幅52cm×長さ35cm× 2 枚（見返し）
幅3cm×長さ40cm× 2 枚（肩ひも）
幅3cm×長さ6cm× 2 枚（ひも通し）
幅15cm×長さ19cm× 2 枚（ポケット）

- □ 1cm幅8カン× 2 個
- □ 1cm幅丸カン× 2 個

＊8カンと丸カンはキャミソールや下着についているものをリユース

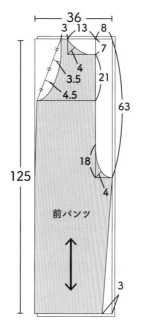

36
3　13　8
7
4
3.5
4.5
21
63
125
18
4
前パンツ
3

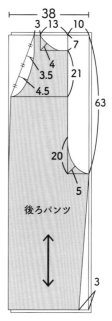

38
3　13　10
7
4
3.5
4.5
21
63
20
5
後ろパンツ
3

① 見返しをつくる

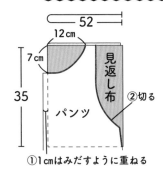

52
12 cm
7 cm
見返し布
②切る
35
パンツ
①1cmはみだすように重ねる

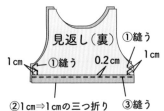

見返し（裏）
①縫う
①縫う
0.2cm
1cm
②1cm⇒1cmの三つ折り
③縫う

（1） 見返し布を二つ折りにし、図のように裁った前パンツを重ね、えりぐりとそでぐりを形に沿って切る。後ろパンツも同様にする。

（2） 前見返しと後ろ見返しを中表で合わせ、両脇を端から1cmの位置で縫い合わせる。縫い代にジグザグミシンをかけ、後ろ側に倒す。すそを三つ折りにしてきわを縫う。

② 肩ひもをつくる

肩ひも布、ひも通し布を、それぞれ両端を0.5cm折り、さらに半分に折って端を縫う。

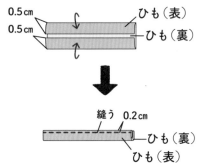

0.5 cm
0.5 cm
ひも（表）
ひも（裏）

縫う
0.2cm
ひも（裏）
ひも（表）

③ ポケットをつける

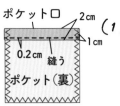

ポケット口
2 cm
0.2 cm
縫う
1 cm
ポケット（裏）

ポケット（裏）

（1） ポケット布の左右と下辺の端にジグザグミシンをかけ、ポケット口を三つ折りにして、折り込んだきわを縫う。

（2） 左右と下辺を1cm内側に折る。

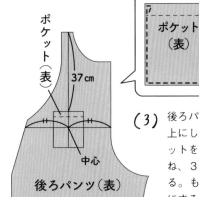

ポケット（表）
37cm
中心
後ろパンツ（表）

ポケット（表）
縫う
0.2cm

（3） 後ろパンツ布を表を上にして置く。ポケットを図の位置に重ね、3辺を縫いつける。もう1枚も同様にする。

④ 脇を縫う

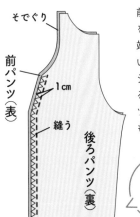

そでぐり
前パンツ（表）
1cm
縫う
後ろパンツ（裏）

前パンツと後ろパンツを中表に合わせ、脇を端から1cmの位置で縫い合わせる。縫い代にジグザグミシンをかける。縫い代は後ろパンツ側に倒す。もう片方も同様にする。

> ここで、すそに三つ折りの跡をつけておこう！

⑤ 股下を縫う

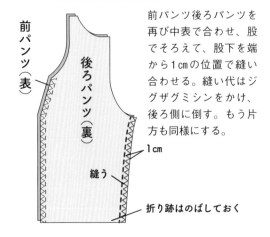

前パンツ（表）
後ろパンツ（裏）
1cm
縫う
折り跡はのばしておく

前パンツ後ろパンツを再び中表で合わせ、股でそろえて、股下を端から1cmの位置で縫い合わせる。縫い代はジグザグミシンをかけ、後ろ側に倒す。もう片方も同様にする。

6 股上を縫う

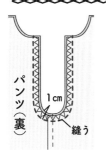

パンツを1本だけ表に返し、もう1本の中に入れ、中表に合わせる。股上のカーブを合わせ、端から1cmの位置で縫い合わせ、縫い代にジグザグミシンをかける。中に入れた1本を表に出しておく。

7 肩ひもをつける

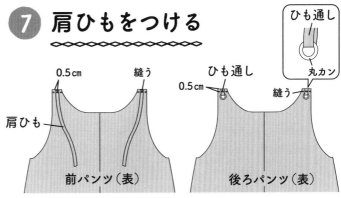

（1）前パンツに肩ひもをのせ、仮どめする。

（2）ひも通しは二つ折りにし、丸カンを通して、後ろパンツにのせて仮どめする。

8 パンツと見返しを縫う

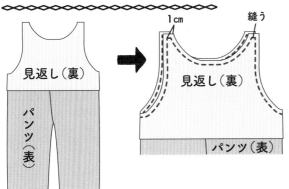

（1）パンツに見返しをかぶせて中表に合わせる。端から1cmの位置で縫い合わせる。

（2）肩の余分な縫い代をカットし、カーブの縫い代に切り込みを入れたら表に返す。57ページ「キャミソールワンピース」手順8と同じ要領で、見返しに押さえミシンをかける。

9 肩ひもを仕上げる

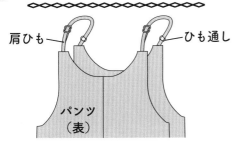

57ページ「キャミソールワンピース」手順10と同じ要領で、肩ひもをひも通しに通して、仕上げる。

10 すそを縫う

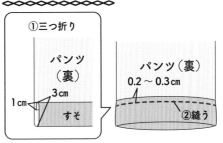

パンツのすそを1cm⇒3cmの三つ折りにして、折り返しのきわをぐるりと1周縫う。もう片方も同様にする。

フリル
ワイドパンツ

リボンとウエストフリルが
アクセントになったワイドパンツです。
テロンとした生地で
仕立てるのもおすすめ。

できあがりサイズ

ウエスト：M 108cm、L 112cm（ゴムを通す前）
パンツ丈：M 91.5cm、L 93.5cm

【 FRONT 】

手順を最初に確認しよう！

5 ベルトをつくる

9 リボンをつくる

7 ベルトループをつくる

8 ベルトループをつける

1 ポケットをつける

4 股上を縫う

2 脇を縫う

3 股下を縫う

6 すそを縫う

CHECK!
動画でつくりかたが
確認できます！
（YouTubeにとびます）

【 BACK 】

準備 ① 材料を用意する

※作品の布は112cm幅綿麻生地（カーキベージュ）を使用しました

準備 ② 布を裁ってパーツにする

右の図の寸法を参考に、布を裁断する。前パンツ、後ろパンツは2枚を重ね、2枚を一度にカットする。

※パーツは縫い代込みの寸法（cm）
※サイズで変わる部分の寸法は「M/L」の順

用意するパーツ

- □ 前パンツ×2
- □ 後ろパンツ×2
- □ ベルト×1
- □ リボン×1
- □ ベルトループ×1
- □ ポケット×4

□ 布　　購入する際は、「110cm幅×240cm」くらいが目安です。

M ……… 幅36cm×長さ92cm×2枚（前パンツ）
　　　　　幅40cm×長さ94cm×2枚（後ろパンツ）
　　　　　幅15cm×長さ110cm×1枚（ベルト）

L ……… 幅37cm×長さ94cm×2枚（前パンツ）
　　　　　幅41cm×長さ96cm×2枚（後ろパンツ）
　　　　　幅15cm×長さ114cm×1枚（ベルト）

共通 ……… 幅9cm×長さ170〜180cm×1枚（リボン）
　　　　　幅3cm×長さ35cm×1枚（ベルトループ）
　　　　　幅19cm×長さ30cm×4枚（ポケット）

□ 2.5cm幅ゴムテープ　　ウエスト寸法＋2cm

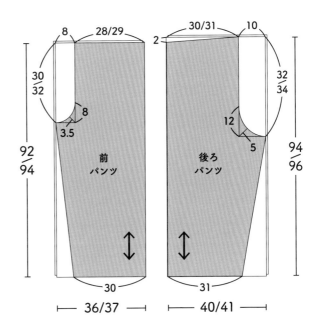

① ポケットをつける

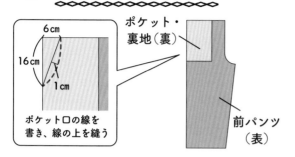

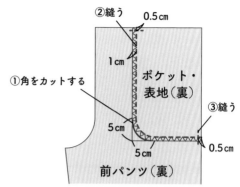

②縫う 0.5cm

①角をカットする

1cm

ポケット・表地（裏）

③縫う

5cm

5cm

0.5cm

前パンツ（裏）

ポケット・裏地（裏）

前パンツ（表）

6cm

16cm

1cm

ポケット口の線を書き、線の上を縫う

(1) 前パンツ布の表を上にして置き、ポケット・裏地を中表で合わせる。図のように、ポケット口のカーブを書いて、その上を縫う。P.71「タックスカート」手順②（2）〜（3）の要領で縫い代を始末する。

(2) ポケット・裏地とポケット・表地を中表で合わせ、角を図のように2枚合わせてカットして、裏地と表地を縫い合わせる。縫い代にジグザグミシンをかける。ポケットとパンツがずれないように、端を仮止めする。もう1枚の前パンツも同様にする。

② 脇を縫う

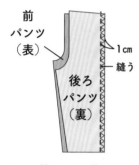

前パンツ（表）

1cm

縫う

後ろパンツ（裏）

0.2cm

縫う

前パンツ（表）

後ろパンツ（表）

(1) 前パンツと後ろパンツを中表に合わせ、脇を端から1cmの位置で縫い合わせる。縫い代にジグザグミシンをかける。

(2) パンツを開き、縫い代は後ろパンツ側に倒して、表から押さえミシンをかける。反対側のパンツも同様にする。

③ 股下を縫う

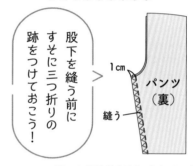

股下を縫う前にすそに三つ折りの跡をつけておこう！

1cm

パンツ（裏）

縫う

パンツを再び中表に合わせ、股下を端から1cmの位置で縫い合わせる。縫い代はジグザグミシンをかけ、後ろ側に倒す。反対側のパンツも同様にする。

④ 股上を縫う

パンツ（裏）

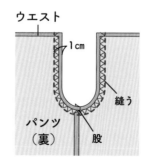

ウエスト

1cm

縫う

パンツ（裏）

股

(1) パンツを1本だけ表に返し、もう1本の中に入れ、中表に合わせる。股上のカーブを合わせる。

(2) 股上を端から1cmの位置で縫い合わせ、縫い代にジグザグミシンをかける。中に入れた1本を表に出しておく。

⑤ ベルトをつくる

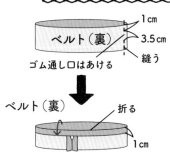

1cm
3.5cm
縫う
ベルト（裏）
ゴム通し口はあける

ベルト（裏）
折る
1cm

（1）ベルト布を中表で二つ折りにし、端から1cmの位置で縫い合わせる。その際、ゴム通し口を3.5cm縫い残す。縫い代をアイロンで割り、上から1cmの位置で折る。

1cm
ベルト（裏）
パンツ（表）

ゴム通し口は後ろパンツの中心にくるように！

（2）パンツにベルトをかぶせて中表に合わせる。端から1cmの位置で縫い合わせる。

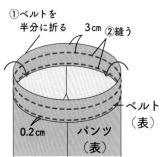

①ベルトを半分に折る
3cm ②縫う
ベルト（表）
0.2cm
パンツ（表）

（3）ベルト布を上にめくったら、上半分を内側に折り、（2）の縫い目が隠れるように0.3cmくらい布をかぶせて、ベルトの端をまち針でとめる。折り返しのきわと、上端から3cmの位置をぐるりと縫う。

⑥ すそを縫う

パンツのすそを1cm⇒2cmの三つ折りにして、折り返しのきわをぐるりと1周縫う。

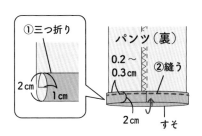

①三つ折り
パンツ（裏）
0.2～0.3cm
②縫う
2cm
1cm
2cm
すそ

⑦ ベルトループをつくる

ベルトループ布にジグザグミシンをかけ、1.2cm幅になるように三つに折って、両端のきわを縫う。5等分にカットする。

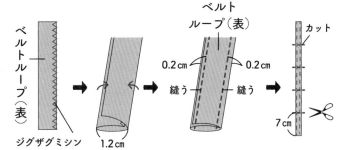

ベルトループ（表）
ジグザグミシン
1.2cm
ベルトループ（表）
0.2cm 0.2cm
縫う 縫う
カット
7cm

⑧ ベルトループをつける

ベルト部分の5か所にベルトループを縫いつける。

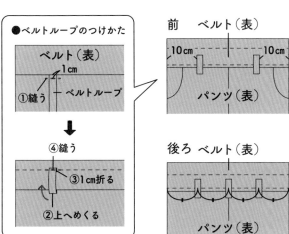

●ベルトループのつけかた
ベルト（表）
1cm
①縫う ベルトループ
④縫う
③1cm折る
②上へめくる

前 ベルト（表）
10cm 10cm
パンツ（表）

後ろ ベルト（表）
パンツ（表）

⑨ リボンをつくる

図のようにリボンをつくる。仕上げにベルトのゴム通し口からゴムテープを通し、ゴムの両端を重ねて縫いとめる。ベルトループにリボンを通す。

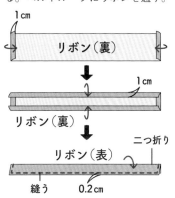

1cm
リボン（裏）
1cm
リボン（裏）
二つ折り
リボン（表）
縫う 0.2cm

スナップどめの

ノーカラー
コート

表はウール、裏はフリースで仕立てた
ほどよいカジュアル感のあるコート。
スナップでとめるので初心者の方にも。

できあがりサイズ

着丈：M 106cm、L 108cm
身幅：M 62cm、L 64cm

【 FRONT 】

手順を最初に確認しよう！

2 身頃の肩を縫う
3 そでをつける
4 そで口を縫う
1 ポケットをつける
5 脇とそでを縫う
6 えりぐり〜前端〜すそを縫う
7 アイロンで整える
8 スナップをつける

CHECK!
動画でつくりかたが確認できます！
（YouTubeにとびます）

【 BACK 】

準備 ① 材料を用意する

※作品の布は、表地：146cm幅ウールナイロンモッサ（キャメル）、裏地：150cm幅メルトンフリース（グレージュ）を使用しました
※前身頃と後ろ身頃、そでは、表地と裏地をそれぞれ用意します

□ 布　購入する際は、「110cm幅×290cm」「130cm以上の幅×230cm」くらいが目安です。

M ……………… 幅40cm×長さ108cm×2枚（前身頃）
幅74cm×長さ108cm×1枚（後ろ身頃）
幅45.5cm×長さ42cm×2枚（そで）
幅19cm×長さ21cm×2枚（ポケット）

L ……………… 幅41cm×長さ110cm×2枚（前身頃）
幅76cm×長さ110cm×1枚（後ろ身頃）
幅45.5cm×長さ43cm×2枚（そで）
幅19cm×長さ21cm×2枚（ポケット）

□ 直径1.5〜2.5cmスナップ　　　　5個

準備 ② 布を裁ってパーツにする

下の図の寸法を参考に、布を裁断する。前身頃は2枚を重ね、後ろ身頃、そでは中表で2つに折り、2枚を一度にカットする。
※パーツは縫い代込みの寸法（cm）
※サイズで変わる部分の寸法は「M/L」の順

用意するパーツ
□ 前身頃・表地×2
□ 前身頃・裏地×2
□ 後ろ身頃・表地×1
□ 後ろ身頃・裏地×1
□ そで・表地×2
□ そで・裏地×2
□ ポケット×2

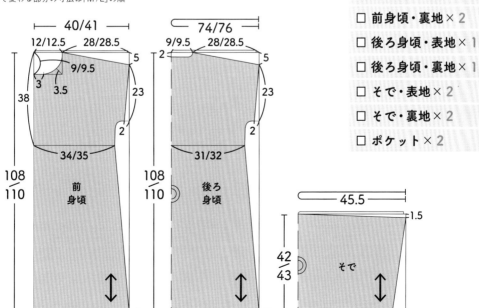

① ポケットをつける

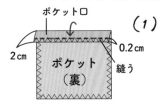

ポケット口
2cm
ポケット（裏）
0.2cm
縫う

（1）ポケット布がほつれやすい生地の場合は4辺の端にジグザグミシンをかけておく。ポケット口を2cm折り、折り込んだきわを縫う。

1cm
ポケット（裏）
1cm
1cm

（2）左右と下辺を1cm内側に折る。

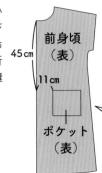

前身頃（表）
45cm
11cm
ポケット（表）

（3）前身頃布の表を上にして置き、ポケットを図の位置に重ね、3辺を縫いつける。もう1枚も同様にする。

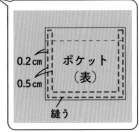

0.2cm
0.5cm
ポケット（表）
縫う

② 身頃の肩を縫う

表地の前身頃と後ろ身頃を中表で合わせ、肩を端から1cmの位置で縫い合わせる。縫い代は割る。裏地も同様にする。

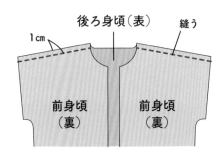

後ろ身頃（表）
縫う
1cm
前身頃（裏）　前身頃（裏）

③ そでをつける

身頃は表を上にして置き、そで山とそでの中心を合わせて中表に重ねて、端から1cmの位置で縫い合わせる。縫い代は割る。反対側のそでと、裏地も同様にする。

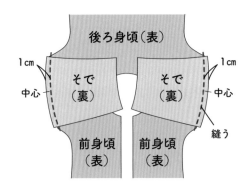

後ろ身頃（表）
1cm　　　　　　1cm
中心　そで（裏）　そで（裏）　中心
前身頃（表）　前身頃（表）
縫う

④ そで口を縫う

表地と裏地を中表で合わせ、そで口を端から1cmの位置で縫い合わせる。反対側のそでも同様にする。

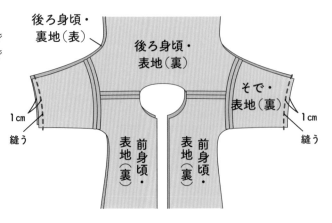

後ろ身頃・裏地（表）
後ろ身頃・表地（裏）
そで・表地（裏）
1cm　　　　　　1cm
縫う　　　　　　縫う
前身頃・表地（裏）　前身頃・表地（裏）

⑤ 脇とそでを縫う

（1） ④を広げ、表地同士、裏地同士それぞれ、そで部分を中表に合わせる。

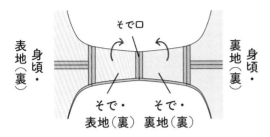

そで口

表地・身頃（裏）

裏地・身頃（裏）

そで・表地（裏）　そで・裏地（裏）

（2） 前身頃と後ろ身頃も、脇で位置を合わせつつ、中表に合わせて、脇〜そで〜脇にかけて続けて、端から1cmの位置で縫い合わせる。その際、返し口を縫い残す。

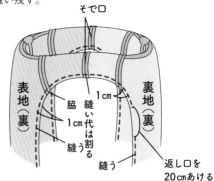

そで口

表地（裏）

裏地（裏）

1cm

脇

縫い代は割る

縫う

1cm

縫う

返し口を20cmあける

⑥ えりぐり〜前端〜すそを縫う

表地と裏地が中表になるように合わせ直す。えりぐり〜前端〜すそにかけて続けて、端から1cmの位置で縫い合わせる。その際、縫い代は開く。縫い代の始末をしたら、返し口から表に返す。

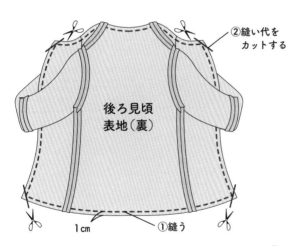

②縫い代をカットする

後ろ見頃表地（裏）

1cm

①縫う

POINT

脇とえりぐりのカーブに切り込みを入れる。

裏地（裏）

⑦ アイロンで整える

返し口は手縫いで閉じて、前端などは目打ちを使い、角をしっかり出す。前端、えりぐり、すそなどはアイロンで押さえて整える。

⑧ スナップをつける

前端にスナップを縫いつける。スナップの数や大きさによって間隔を変えてもよい。

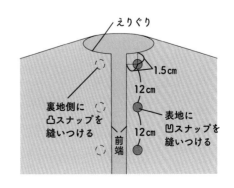

えりぐり

1.5cm

12cm

12cm

前端

裏地側に凸スナップを縫いつける

表地に凹スナップを縫いつける

できあがりサイズ

着丈：大人　M 66cm、L 69cm
　　　キッズ　80 〜 90）約38cm、90 〜 100）約44cm

ボア裏地の

フードつき
ポンチョ

さっと羽織れて、しかもかわいいポンチョ。
大人は落ち着いた色合いで、
キッズは明るく楽しい色合わせで
仕立てるのがおすすめです。

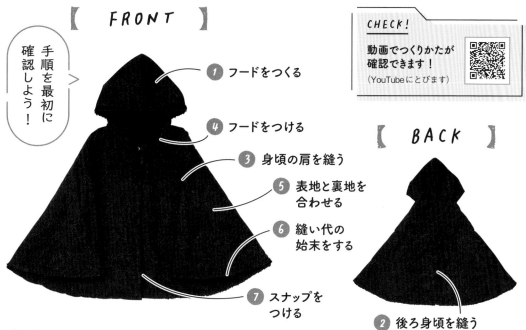

【 FRONT 】

手順を最初に確認しよう！

1 フードをつくる
4 フードをつける
3 身頃の肩を縫う
5 表地と裏地を合わせる
6 縫い代の始末をする
7 スナップをつける

【 BACK 】

2 後ろ身頃を縫う

CHECK!

動画でつくりかたが確認できます！
（YouTubeにとびます）

準備 ① 材料を用意する

※作品の布は、表地：106㎝幅フランネルシャギー（クーズクレイ）、裏地：145㎝幅ボア（ブラック）を使用しました
※前身頃と後ろ身頃、フードは、表地と裏地をそれぞれ用意します

□ 布	購入する際は、「110㎝幅×330㎝」または「120㎝幅×290㎝」くらいが目安です。
M	幅76㎝×長さ68㎝×2枚（前身頃） 幅73㎝×長さ68㎝×2枚（後ろ身頃） 幅30㎝×長さ42㎝×2枚（フード）
L	幅78㎝×長さ71㎝×2枚（前身頃） 幅75㎝×長さ71㎝×2枚（後ろ身頃） 幅30㎝×長さ42㎝×2枚（フード）
□ 直径1.5〜2.5㎝スナップボタン	5個

準備 ② 布を裁ってパーツにする

下の図の寸法を参考に、布を裁断する。
それぞれ布2枚を重ね2枚を一度にカットする。裏地のボア布は、1枚ずつ表地を型にしてカットする。
※パーツは縫い代込みの寸法（㎝）
※サイズで変わる部分の寸法は「M／L」の順

用意するパーツ

□ 前身頃・表地×2 　　□ 後ろ身頃・裏地×2
□ 前身頃・裏地×2 　　□ フード・表地×2
□ 後ろ身頃・表地×2 　□ フード・裏地×2

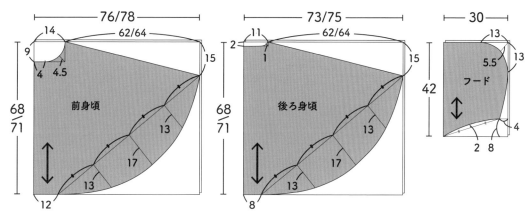

1 フードをつくる

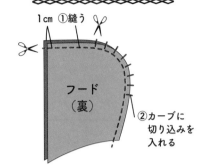

1cm ①縫う
✂
フード（裏）
②カーブに切り込みを入れる

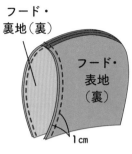

フード・裏地（裏）
フード・表地（裏）
1cm

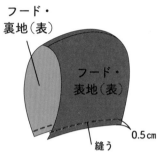

フード・裏地（表）
フード・表地（表）
0.5cm
縫う

（1）表地のフード布2枚を中表に合わせ、図の部分を端から1cmの位置で縫い合わせる。カーブの縫い代に切り込みを入れる。裏地も同様にする。

（2）表地と裏地を中表に合わせ、顔まわりを端から1cmの位置で縫い合わせる。

（3）表に返し、下辺を仮どめする。

2 後ろ身頃を縫う

表地の後ろ身頃2枚を中表で合わせ、中心側を端から1cmの位置で縫い合わせて、縫い代はアイロンで割る。裏地も同様にする。

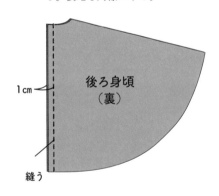

1cm
後ろ身頃（裏）
縫う

3 身頃の肩を縫う

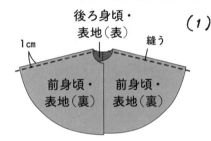

後ろ身頃・表地（表）
1cm
縫う
前身頃・表地（裏）
前身頃・表地（裏）

（1）表地の前身頃と後ろ身頃を中表で合わせ、肩を端から1cmの位置で縫い合わせる。縫い代は割る。

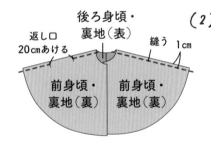

後ろ身頃・裏地（表）
返し口20cmあける
縫う
1cm
前身頃・裏地（裏）
前身頃・裏地（裏）

（2）裏地の前身頃と後ろ身頃を中表で合わせ、肩を端から1cmの位置で縫い合わせる。その際、返し口を20cm縫い残す。縫い代は割る。

4 フードをつける

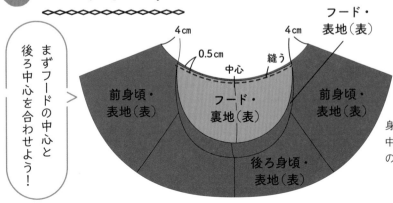

まずフードの中心と後ろ中心を合わせよう！

4cm
0.5cm
中心
縫う
4cm
フード・表地（表）
前身頃・表地（表）
フード・裏地（表）
前身頃・表地（表）
後ろ身頃・表地（表）

身頃の表地とフード表地を中表に合わせ、端から0.5cmの位置で仮どめする。

⑤ 表地と裏地を合わせる

> **POINT**
> 後ろ中心、肩の縫い目を
> 合わせて固定する

フードは表地と裏地の間にくるように！

表地　　フード

前身頃（裏）

表地の中に入れる

前身頃（表）

裏地　　後ろ身頃（裏）

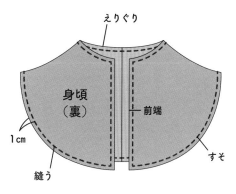

えりぐり

身頃（裏）　　前端

1cm　　すそ

縫う

表地は表を中に、裏地は表を外にし、表地と裏地を中表になるように合わせる。前端〜すそ〜えりぐりにかけて続けて、端から1cmの位置でぐるりと縫い合わせる。

⑥ 縫い代の始末をする

前端の角の縫い代をカットし、えりぐりとすそのカーブに切り込みを入れる。返し口から表に返して、返し口を手縫いで閉じる。

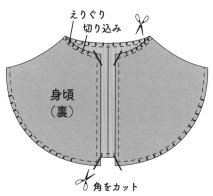

えりぐり切り込み

身頃（裏）

角をカット

⑦ スナップをつける

前端とすそにスナップを縫いつける。凹スナップは表地に、凸スナップは裏地側につける。

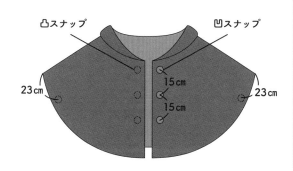

凸スナップ　　凹スナップ

23cm　15cm　15cm　23cm

> **POINT**
>
> いちばん上のスナップは端から1.5cmの位置に縫いつける。
>
> 1.5cm　1.5cm　スナップ　前端

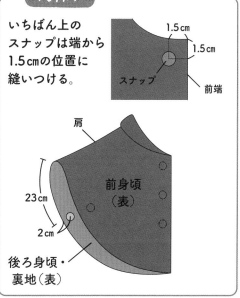

肩

前身頃（表）

23cm　2cm

後ろ身頃・裏地（表）

フードつきポンチョ
キッズ服アレンジ

CHECK!
動画でつくりかたが
確認できます！
（YouTubeにとびます）

準備
① 材料を用意する

※作品の布は、表地：105cm幅フレンチフランネル
（グレイッシュピンク）、裏地：145cm幅ボア（カフェ
オレ）を使用しました

共通	80 ～ 90 サイズ	90 ～ 100 サイズ
□ 直径1.3cmプラスナップ5個	□ 布	□ 布
	幅38.5cm×長さ40cm×2枚（前身頃）	幅43.5cm×長さ46cm×2枚（前身頃）
※前身頃と後ろ身頃、フードは、表地と裏地を それぞれ用意します	幅74cm×長さ40cm×1枚（後ろ身頃）	幅84cm×長さ46cm×1枚（後ろ身頃）
	幅23cm×長さ28cm×2枚（フード）	幅27cm×長さ30cm×2枚（フード）

購入する際は110cm幅の場合、80 ～ 90 サイズは90cm、90 ～ 100 サイズは130cmくらいが目
安です。

準備
② 布を裁ってパーツにする

※パーツは縫い代込みの寸法（cm）
※サイズで変わる部分の寸法は「80 ～ 90 サイズ/90 ～
100 サイズ」の順

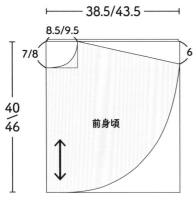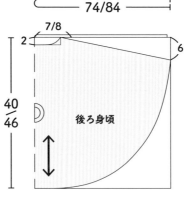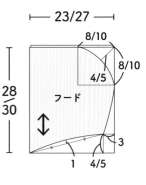

つくりかたの流れは、大人服と同様。
ただし、後ろ身頃は左右にわけず1枚
にしている。スナップつけ位置は右図
参照。

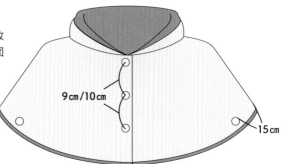

Lesson 4

- -

型紙なしで作る

小 物

トートバッグやショルダーバッグなどの袋ものを中心に
ふだん使いしやすいシンプルデザインの
小物類をつくりました。

埋もれたくなる

ボア
スヌード

やわらかで肌触りのよいボア素材で
仕立てた人気の防寒アイテム。
二重に巻いてちょうどよいボリュームです。

できあがりサイズ

23cm×約145cm

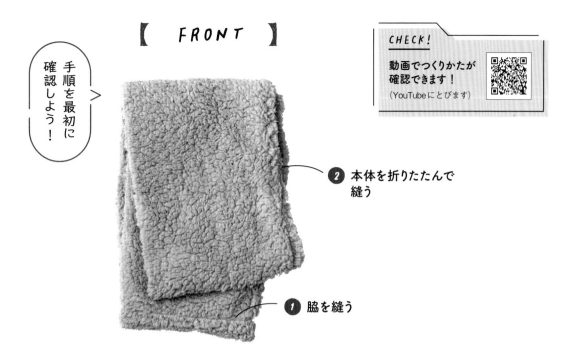

【 FRONT 】

手順を最初に確認しよう！

CHECK!

動画でつくりかたが
確認できます！
（YouTube にとびます）

② 本体を折りたたんで
縫う

① 脇を縫う

準備
① 材料を用意する

※作品の布は、145cm幅シープボア（ラベンダーグレイ）を使用しました

☐ 布　購入する際は、「140～150cm幅×50cm」くらいが目安です。

幅140～150cm×長さ50cm×１枚（本体）

☐ ニット用ミシン糸（レジロン／布色に近い色）

---

① 脇を縫う

本体布の横幅を中表に二つ折りにして、端から1cmの位置で脇を縫い合わせる。縫い目が後ろ側の中央にくるように布を折り直す。

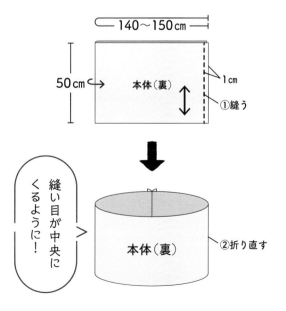

├─ 140～150cm ─┤

50cm →　　本体（裏）　　↕　　├ 1cm
　　　　　　　　　　　　　└ ①縫う

縫い目が中央にくるように！

本体（裏）　──②折り直す

② 本体を折りたたんで縫う

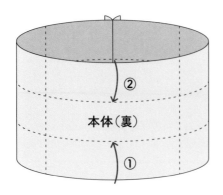 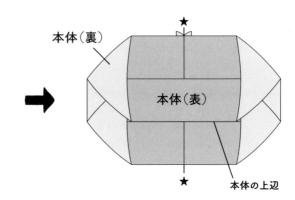

（1） 本体の手前側を下辺、上辺の順に中央に重ねるようにして、三等分に折りたたむ。

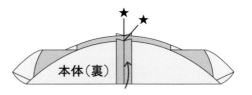

（2） 縫い目の★の部分を三つ折りの上で合わせるようにして、本体奥側の上辺と下辺を中表で合わせる。

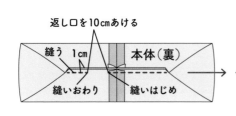

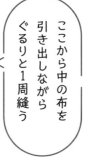

ここから中の布を引き出しながらぐるりと1周縫う

（3） （2）で合わせた辺を端から1cmの位置で縫い合わせる。端から中の布を引き出しながら、1周続けて縫う。その際、返し口を10cm縫い残す。

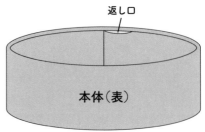

（4） 返し口から表に返し、全体の形を整えて、返し口を手縫いで縫い閉じる。

かんたん
マスク
ケース

二つ折りの立体マスクがはさめるケース。
内ポケットをつけたので、
予備のマスクを入れることもできます。

できあがりサイズ

16cm×16cm

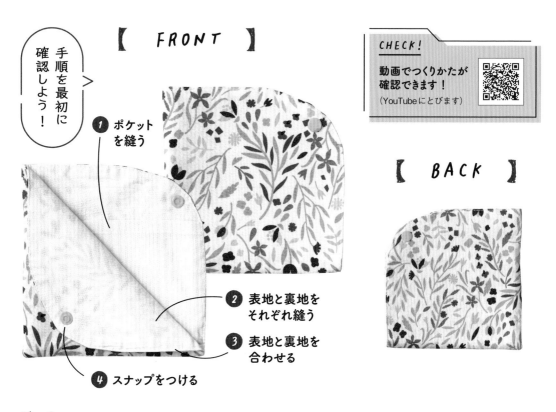

【 FRONT 】

手順を最初に確認しよう！

① ポケットを縫う

② 表地と裏地をそれぞれ縫う

③ 表地と裏地を合わせる

④ スナップをつける

【 BACK 】

CHECK!

動画でつくりかたが確認できます！
（YouTubeにとびます）

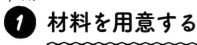

材料を用意する

※作品の布は、表地：108cm幅コットンプリント（ミルク）を使用しました

☐ 布	購入する際は、「50cm幅×50cm」くらいが目安です。

幅18cm×長さ18cm×2枚（表地）
幅18cm×長さ18cm×2枚（裏地）
幅18cm×長さ14cm×1枚（ポケット）

☐ 片面接着芯	幅18cm×長さ18cm×2枚
☐ プラスナップ	1個

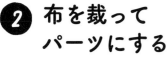

布を裁ってパーツにする

右の図の寸法を参考に、布を裁断する。表地、裏地はそれぞれ2枚を中表に合わせ、2枚を一度にカットする。表地の裏には接着芯を貼る。
※パーツは縫い代込みの寸法（cm）

用意するパーツ

☐ 表地×2

☐ 裏地×2

☐ ポケット×1

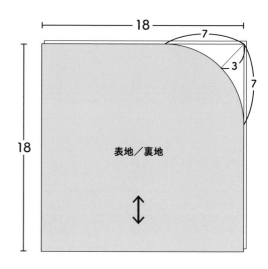

18

7

3

7

18

表地／裏地

① ポケットを縫う

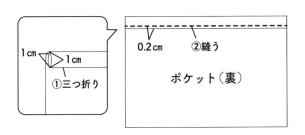

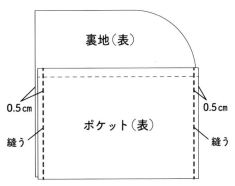

（ 1 ） ポケット布の上辺を三つ折りし、
折り込みのきわを縫う。

（ 2 ） 裏地1枚にポケットを重ね、
仮止めする。

② 表地と裏地をそれぞれ縫う

表地2枚を中表に合わ
せ、端から1cmの位置で
2辺を縫い合わせる。角
の縫い代をカットす
る。裏地も同様にする
が、返し口を5cm縫い
残す。それぞれの縫い
代はアイロンで割る。

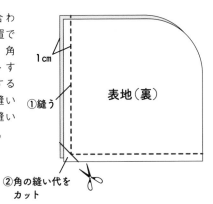

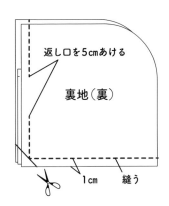

③ 表地と裏地を合わせる

裏地を表に返し、表地と中表に合わせたら、
カーブを端から1cmの位置で縫い合わせる。カ
ーブの縫い代に切り込みを入れる。

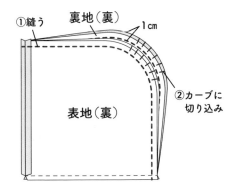

④ スナップをつける

返し口から表に返し、返し口を
縫い閉じる。カーブの端に押さ
えミシンをかけて、図の位置に
スナップをつける。

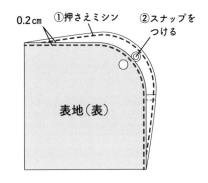

ポケットつき

スマホ
ポーチ

ファスナーつきのポケットをつけた
上品なデザインです。
ストラップや持ち手などシーンに
合わせてつけ替えて使えます。

できあがりサイズ

横13cm×縦20cm（ショルダーは除く）

106

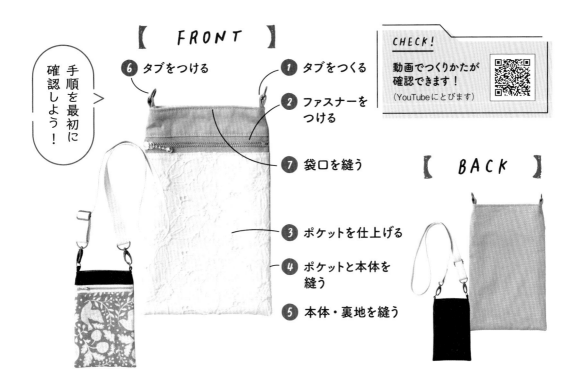

【 FRONT 】

手順を最初に確認しよう！ >

⑥ タブをつける

① タブをつくる

② ファスナーをつける

⑦ 袋口を縫う

③ ポケットを仕上げる

④ ポケットと本体を縫う

⑤ 本体・裏地を縫う

CHECK!
動画でつくりかたが確認できます！
（YouTubeにとびます）

【 BACK 】

準備① 材料を用意する

本体・表地、ポケット上、ポケット下に
それぞれ接着芯を貼っておく。

□ 布　購入する際は、「50cm幅×50cm」くらいが目安です。

幅15cm×長さ22cm×1枚（本体・表地）
幅15cm×長さ42cm×1枚（本体・裏地）
幅15cm×長さ4.5cm×1枚（ポケット上）
幅15cm×長さ17cm×1枚（ポケット下）
幅15cm×長さ17cm×1枚（ポケット下・裏地）
幅15cm×長さ18.5cm×1枚（ポケット・裏地）
幅5cm×長さ5cm×2枚（タブ）

□ 片面接着芯	本体・表地、ポケット上、ポケット下分
□ 1.5cm幅Dカン	2個
□ 長さ12cmファスナー	1本

① タブをつくる

タブ布を図のように折り、両端を縫う。タブを二つ折りして、Dカンを
通したら、両端を縫い合わせる。もう1枚も同様にする。

タブ（表）　1cm　1cm

タブ（表）　0.2cm　①縫う

Dカン　②Dカンを通す　タブ（表）　0.5cm　③縫う

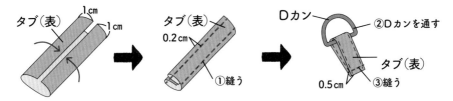

❷ ファスナーをつける

ポケット下布とファスナーを中表で合わせ、その上にポケット下・裏地布を中表になるように重ねる。端から0.5cmの位置で縫い合わせ、ポケット下2枚を外表にしてアイロンで押さえて、押さえミシンをかける。

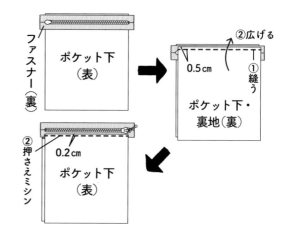

❸ ポケットを仕上げる

ポケット上布とポケット・裏地布を中表に合わせながら、❷をはさむ。上端から0.5cmの位置で縫い合わせて、ポケット上を外表になるようにめくり上げ、押さえミシンをかける。ポケット下、ポケット下・裏地、ポケット・裏地の3枚の3辺を仮どめする。

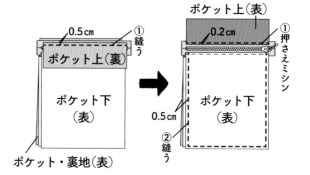

❹ ポケットと本体を縫う

本体・表地布と❸のポケットを中表に合わせ、左右と底を縫い合わせる。縫い代の角をカットしてアイロンで3辺の縫い代を割って、表に返す。

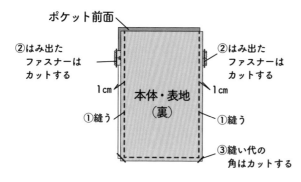

❺ 本体・裏地を縫う

本体・裏地布を中表で二つ折りにし、両脇を縫い合わせる。その際、返し口を縫い残す。表地と同じように縫い代を始末する。

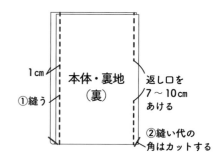

❻ タブをつける

❺の袋口の両脇に、❶を仮どめする。

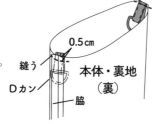

7 袋口を縫う

（*1*） 本体・裏地の中に❹の表地を入れ、中表に合わせて、袋口を端から1cmの位置でぐるりと1周縫う。

（*2*） 返し口から表に返し、返し口を縫い閉じる。アイロンで整えて、袋口にぐるりと押さえミシンをかける。

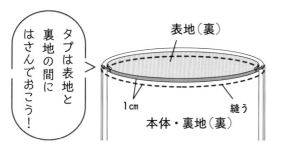

タブは表地と裏地の間にはさんでおこう！

表地（裏）

1cm　　　縫う

本体・裏地（裏）

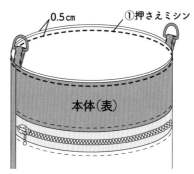

0.5cm　　　①押さえミシン

本体（表）

ショルダーバッグ用ストラップのつくりかた

106ページ「スマホポーチ」や、114ページ「サコッシュ」などでつけかえができる肩ひもです。

材料

☐ 2.5cm幅カバンテープ	140cm
☐ 2.5cm幅ナスカン	2個
☐ 2.5cm幅移動カン	1個

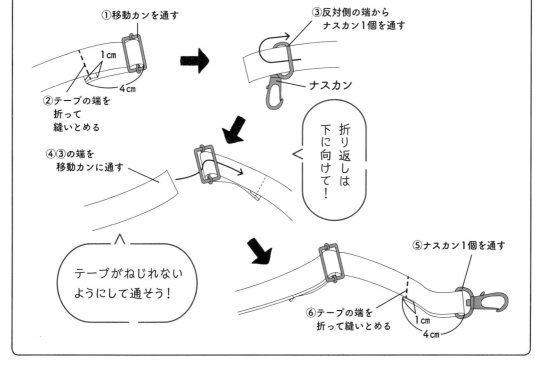

①移動カンを通す

1cm

4cm

②テープの端を折って縫いとめる

③反対側の端からナスカン1個を通す

ナスカン

④③の端を移動カンに通す

折り返しは下に向けて！

テープがねじれないようにして通そう！

⑤ナスカン1個を通す

⑥テープの端を折って縫いとめる

1cm

4cm

トートバッグみたいな
ミニポーチ

ハギレ布を活用してつくれるミニポーチ。
トートバッグ風のデザインなので、
いろいろな布合わせで楽しんでください。

できあがりサイズ

横20cm×縦12.5cm×マチ5cm（持ち手は除く）

【 FRONT 】

手順を最初に確認しよう！

2 持ち手をつくる

CHECK!

動画でつくりかたが確認できます！
（YouTubeにとびます）

6 ファスナーを準備する

7 ファスナーと裏地と表地を縫う

1 タブをつくる

8 タブをつける

3 ポケットを縫う

4 本体・表地にポケットと持ち手をつける

10 脇とマチを縫う

9 マチをカットする

5 本体・表地と底を縫う

準備

1 材料を用意する

本体・表地×2枚、底・表地×1枚、持ち手×2枚の裏にそれぞれ接着芯を貼っておく。

□ 布	
幅23cm×長さ10.5cm×2枚（本体・表地）	
幅23cm×長さ13cm×1枚（底・表地）	
幅23cm×長さ30cm×1枚（裏地）	
幅8cm×長さ38cm×2枚（持ち手）	
幅9cm×長さ9cm×2枚（ポケット）	
幅5cm×長さ5cm×1枚（タブ）	
□ 片面接着芯	幅40cm×長さ40cm
□ 長さ20cmファスナー	1本

---

1 タブをつくる

タブ布を図のように折り、両側を縫う。タブを二つ折りして、両端を縫い合わせる。

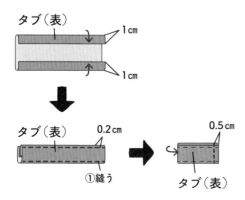

タブ（表） 1cm / 1cm

タブ（表） 0.2cm / ①縫う / タブ（表）

0.5cm

2 持ち手をつくる

持ち手布を図のように折り、両側を縫う。もう1枚も同様にする。

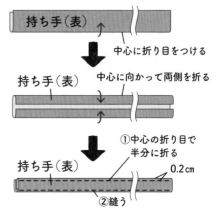

持ち手（表）
中心に折り目をつける

持ち手（表）
中心に向かって両側を折る

持ち手（表）
①中心の折り目で半分に折る
0.2cm
②縫う

111

③ ポケットを縫う

ポケット布の上端を1cm⇒1cmの三つ折り
にし、折り込みのきわを縫う。もう1枚も
同様にする。

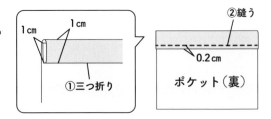

④ 本体・表地にポケットと持ち手をつける

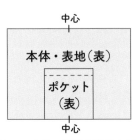

（1）本体・表地の表を上にして
置き、ポケットを重ねる。

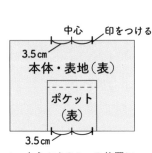

（2）中心から3.5cmの位置に
印をつける。

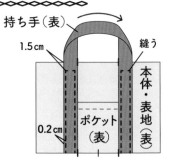

（3）（2）の印に合わせて、持ち
手を図のように重ね、本
体に縫いつける。もう1枚
も同様にする。

⑤ 本体・表地と底を縫う

本体・表地の下辺と底を中表に合わ
せ、端から1cmの位置で縫い合わせ
る。本体・表地のもう1枚も底の反対
側の辺に縫い合わせる。縫い代は底
側に倒して押さえミシンをかける。

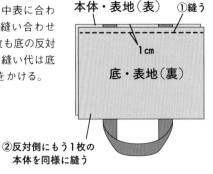

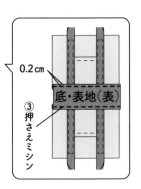

⑥ ファスナーを準備する

ファスナーの四隅を斜めに折って、縫
いとめる。中心に印をつける。

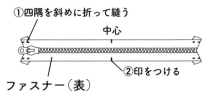

7 ファスナーと裏地と表地を縫う

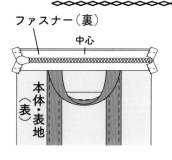

（1）表地の袋口にファスナーを中表で合わせる。

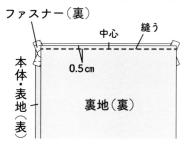

（2）（1）の上に裏地を中表で合わせ、端から0.5cmの位置で縫い合わせる。

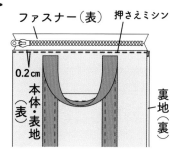

（3）本体を上にあげて、縫い目をアイロンで押さえたら、押さえミシンをかける。裏地もいっしょに縫う。

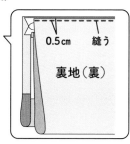

（4）本体・表地を二つ折りにしてファスナーを中表で合わせ、裏地も同様に合わせたら、端から0.5cmの位置で縫い合わせる。縫い目をアイロンで押さえて、押さえミシンをかける。

8 タブをつける

本体・表地を外表にし、脇に二つ折りにしたタブを仮どめする。

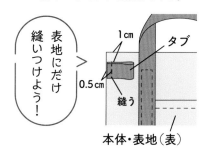

表地にだけ縫いつけよう！

9 マチをカットする

ファスナーを半分あけて裏返す。本体、裏地をそれぞれ中表に合わせたら、底の左右の角にあたるわの部分を4か所カットする。

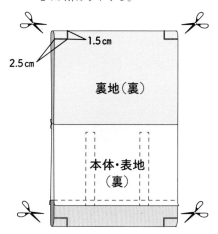

10 脇とマチを縫う

表地と裏地の両脇を、端から1cmの位置で縫い合わせる。その際、片側だけ返し口を5cm縫い残す。縫い代を割る。カットした底の中心と脇の中心を合わせて、端から1cmの位置で縫う。反対側も同様にする。返し口から表に返し、返し口を縫い閉じる。

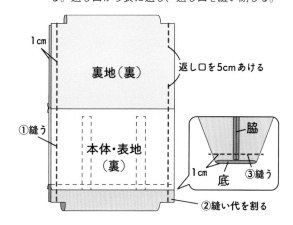

マチつき
サコッシュ

前後にポケットがついた機能的なサコッシュ。
大人サイズは、財布やスマホが
ちょうど収まる大きさです。

できあがりサイズ

横26cm×縦18cm×マチ6cm
キッズ：横21cm×縦14cm×マチ4cm
（ショルダーは除く）

【 FRONT 】

CHECK!
動画でつくりかたが
確認できます！
（YouTubeにとびます）

手順を最初に確認しよう！

④ Dカンをつける

【 BACK 】

① ポケットをつくる

⑤ 袋口を縫う

② 本体・表地に
ポケットをつける

③ 両脇と底を縫う

準備

① 材料を用意する

本体・表地×2枚、ポケット・表地×2枚
の裏にそれぞれ接着芯を貼っておく。

※作品の布は、本体・表地：148cm幅オックス布（ピンクテラコッタ）、ポケット・表地：109cm幅コットン布（プリント）を使用しました

□ 布	購入する際は、「110cm幅×30cm」くらいが目安です。

幅28cm×長さ22cm×2枚（本体・表地）
幅28cm×長さ22cm×2枚（本体・裏地）
幅28cm×長さ18cm×2枚（ポケット・表地）
幅28cm×長さ18cm×2枚（ポケット・裏地）

□ 片面接着芯 本体、ポケット分	60cm×長さ50cm
□ 2.5cm幅カバンテープ	6cm×2本
□ 2.5cm幅Dカン	2個
□ プラスナップ	2個

① ポケットをつくる

ポケットの表地と裏地を中表に合わせ、上辺を端から1cmの位置で縫い合わせる。表に返し、押さえミシンをかける。もう1枚も同様にする。

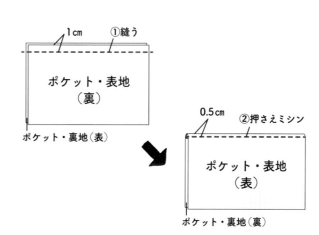

1cm ①縫う

ポケット・表地
（裏）

ポケット・裏地（表）

0.5cm ②押さえミシン

ポケット・表地
（表）

ポケット・裏地（裏）

② 本体・表地にポケットをつける

仕切りの上は
三角形に縫うとキレイ

本体・表地にポケットを重ね、両脇を端から0.5cmの位置で仮どめする。もう1枚も同様にし、1枚はポケットの袋口にプラスナップをつけ、もう1枚には、仕切りを縫う。

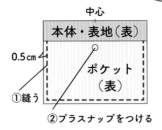
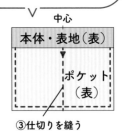

中心

本体・表地（表）

0.5cm

ポケット（表）

①縫う
②プラスナップをつける

中心

本体・表地（表）

ポケット（表）

③仕切りを縫う

③ 両脇と底を縫う

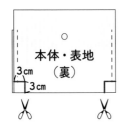

本体・表地（裏）

3cm
3cm

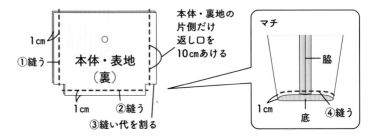

本体・裏地の片側だけ返し口を10cmあける

1cm
①縫う

本体・表地（裏）

1cm　②縫う
③縫い代を割る

マチ

脇

1cm　底　④縫う

（1）本体・表地の下辺の角を図のようにカットする。本体・裏地2枚も同様にする。

（2）本体・表地2枚を中表で合わせ、両脇、底を端から1cmの位置で縫い合わせる。縫い代をアイロンで割り、底の中心と脇の中心を合わせてマチを縫う。本体・裏地も同様にする。

④ Dカンをつける

カバンテープを二つ折りして、Dカンを通したら、本体の両脇の袋口に仮どめする。もう1個も同様にする。

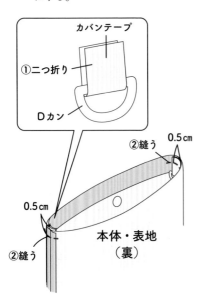

カバンテープ

①二つ折り

Dカン

②縫う　0.5cm

0.5cm

②縫う

本体・表地（裏）

⑤ 袋口を縫う

（1）本体・表地の中に本体・裏地を入れ、中表に合わせて、袋口を端から1cmの位置でぐるりと1周縫う。

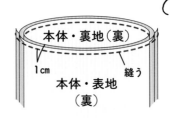

本体・裏地（裏）

1cm　　縫う

本体・表地（裏）

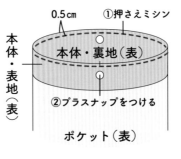

0.5cm　①押さえミシン

本体・表地（表）

本体・裏地（表）

②プラスナップをつける

ポケット（表）

（2）返し口から表に返し、返し口を縫い閉じる。アイロンで整えて、袋口にぐるりと押さえミシンをかけて、図の位置にプラスナップをつける。

サコッシュ
キッズアレンジ

準備
① 材料を用意する

※作品の布は、本体：148cm幅オックス布（ピンクテラコッタ）、
ポケット：148cm幅オックス布（刺繍入り）を使用しました

CHECK!
動画でつくりかたが
確認できます！
（YouTubeにとびます）

共通

□ 布	
幅23cm×長さ18cm×2枚（本体・表地）	
幅23cm×長さ18cm×2枚（本体・裏地）	
幅23cm×長さ14.5cm×2枚（ポケット・表地）	
幅23cm×長さ14.5cm×2枚（ポケット・裏地）	

□ 片面接着芯	本体、ポケット分
□ 2.5cm幅カバンテープ	100cm×1本、6cm×2本
□ 2.5cm幅移動カン	1個
□ 2.5cm幅Dカン	2個
□ プラスナップ	2個

つくりかたは、大人のサコッシュと同様。
ただし、底の角のカットは2cmにし（マチ4cm）、
ショルダーストラップは図のようにつける。

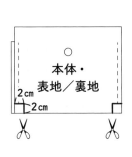

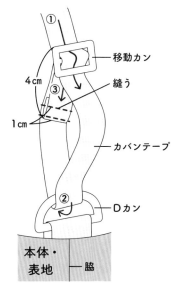

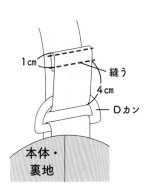

（1）テープの端を移動カン→Dカン→移動カンに図の順に通して、端を1cm折り返して縫いとめる。

（2）テープの反対側の端は、もう一方のDカンに通して、端を1cm折り返して縫いとめる。

持ち手一体型の
トート
バッグ

持ち手とバッグが一体となったデザイン。
マチがたっぷりあるので、
小さくても収納力バツグンです。

できあがりサイズ

S：横22cm×縦20cm×マチ10cm
M：横28cm×縦23cm×マチ14cm
エコバッグ：横30cm×縦28cm×マチ14cm
（持ち手は除く）

【 FRONT 】

⑤ 持ち手を閉じる

手順を最初に確認しよう！

CHECK!

動画でつくりかたが確認できます！
（YouTubeにとびます）

S　M

④ 持ち手を縫う

① ポケットをつくる

② 裏地にポケットをつける

③ 両脇を縫う

⑥ 袋口を仕上げる

S　　　　　M

準備 ① 材料を用意する

表地×2枚、マグネットタブ布×1枚（Mのみ）の裏にそれぞれ接着芯を貼っておく。

※作品の布は、S表地：110cm幅麻帆布（ドーミーグリーン）、M表地：150cm幅オックス布（プリント）を使用しました

準備 ② 布を裁ってパーツにする

下の図の寸法を参考に、布を裁断する。表地、裏地はそれぞれ2枚を中表に合わせ、2枚を一度にカットする。表地の裏には接着芯を貼る。

※パーツは縫い代込みの寸法（cm）
※サイズで変わる部分の寸法は「S/M」の順

□ 布	購入する際は、「S:110cm幅×50cm、M:110cm幅×60cm」くらいが目安です。

S …… 幅34cm×長さ46cm×2枚（表地）
　　　幅34cm×長さ46cm×2枚（裏地）
　　　幅20cm×長さ32cm×1枚（ポケット）

M …… 幅44cm×長さ58cm×2枚（表地、マグネットタブ）
　　　幅44cm×長さ58cm×2枚（裏地）
　　　幅22cm×長さ32cm×1枚（ポケット）

□ 片面接着芯	表地分
	Mのみ ＋マグネットタブ分

□ マグネットホック	1個（Mのみ）

用意するパーツ

□ 表地×2　　　　□ ポケット×1

□ 裏地×2　　　　□ マグネットタブ×4

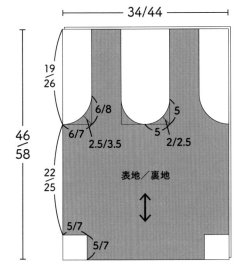

34/44

19/26

6/8　　　5

6/7　　5　　5

2.5/3.5　　2/2.5

46/58

表地／裏地

22/25

5/7

5/7

Mのみ　袋口にマグネットタブをつける

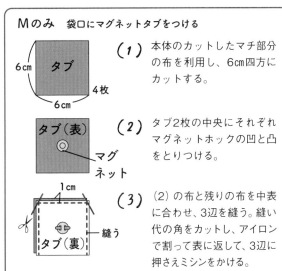

6cm　タブ　4枚

6cm

（1）本体のカットしたマチ部分の布を利用し、6cm四方にカットする。

タブ（表）　マグネット

（2）タブ2枚の中央にそれぞれマグネットホックの凹と凸をとりつける。

1cm　縫う　タブ（裏）

（3）（2）の布と残りの布を中表に合わせ、3辺を縫う。縫い代の角をカットし、アイロンで割って表に返して、3辺に押さえミシンをかける。

119

① ポケットをつくる

ポケット布を二つ折りし、左右と下辺を縫う。その際、返し口を縫い残す。縫い代の角をカットし、アイロンで割って、表に返す。

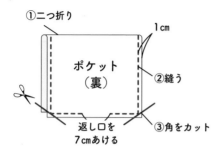

① 二つ折り
1cm
ポケット（裏）
② 縫う
✂
返し口を7cmあける
③ 角をカット

② 裏地にポケットをつける

裏地にポケットを重ね、左右と下辺の3辺を縫う。

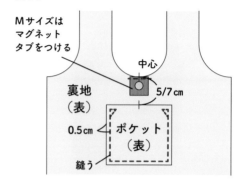

Mサイズはマグネットタブをつける
中心
裏地（表）
5/7cm
0.5cm
ポケット（表）
縫う

③ 両脇を縫う

（1）表地2枚を中表に合わせ、端から1cmの位置で両脇と底を縫い合わせて、縫い代をアイロンで割る。裏地も同様にする。

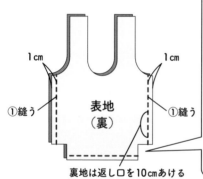

1cm
① 縫う
表地（裏）
1cm
① 縫う
裏地は返し口を10cmあける

表地（裏）
脇
1cm
底
② 縫う
底の中心と、脇の中心を合わせてマチを縫う。表地、裏地の各2か所のマチを縫う。

④ 持ち手を縫う

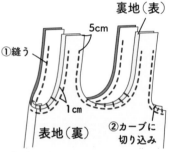

裏地（表）
5cm
① 縫う
1cm
② カーブに切り込み
表地（裏）

裏地は表に返して表地の中に入れ、表地と裏地を中表に合わせたら、持ち手〜袋口を端から1cmの位置で縫い合わせる。縫い代のカーブに切り込みを入れ、表に返して、返し口を縫い閉じる。

⑤ 持ち手を閉じる

表地の持ち手の端を中表に合わせ、端から1cmの位置で縫い合わせ、縫い代は割る。表地、裏地の各2か所を縫ったら、持ち手を整えて両端を縫い閉じる。

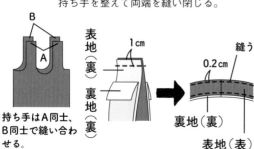

B
A
持ち手はA同士、B同士で縫い合わせる。

表地（裏）
1cm
裏地（裏）
縫う
0.2cm
裏地（裏）
表地（表）

⑥ 袋口を仕上げる

袋口と持ち手の縫い目をアイロンで整えてから、袋口〜持ち手に押さえミシンをかける。Sは持ち手の上部を折って縫い合わせる。

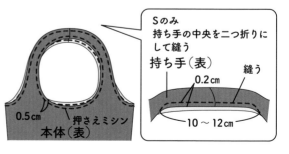

Sのみ持ち手の中央を二つ折りにして縫う
持ち手（表）
0.2cm
縫う
10〜12cm

0.5cm
押さえミシン
本体（表）

トートバッグアレンジ
エコバッグ

準備 ① 材料を用意する

□ 布　購入する際は、「110cm幅×70cm」くらいが目安です。

幅44cm×長さ65cm×2枚（表地）
幅44cm×長さ65cm×2枚（裏地）

□ 1cm幅綾テープ　　　40cmくらい×2本

□ 1cm幅ゴムテープ　　　23〜25cm

※作品の布は、本体：112cm幅ナイロン先染め撥水オックス布（チェック）を使用しました

準備 ② 布を裁って パーツにする

右の図の寸法を参考に、布を裁断する。表地、裏地はそれぞれ2枚を中表に合わせ、2枚を一度にカットする。
※パーツは縫い代込みの寸法（cm）

用意するパーツ

□ 表地×2

□ 裏地×2

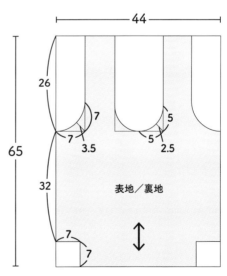

44

26
7
7
5
5
3.5
2.5
65
32
表地／裏地
7
7

つくりかたは、トートバッグと同様。ただし、手順②でポケットはつけず、表地の袋口に二つ折りにしたゴムと、綾テープを右図のように仮どめする。もう1枚の表地には綾テープを仮どめする。

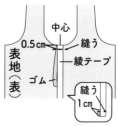

中心
0.5cm
縫う
表地（表）
綾テープ
ゴム
縫う
1cm

ファスナーつき

トート
バッグ

袋口にファスナーをつけました。
両脇にショルダーストラップを
つけることもできます。

できあがりサイズ

横24cm × 縦24cm × マチ15cm
（持ち手は除く）

【 FRONT 】

CHECK!
動画でつくりかたが
確認できます！
(YouTubeにとびます)

手順を最初に確認しよう！

3 ファスナーをつける

2 タブをつける

4 袋口を仕上げる

1 持ち手をつけ、両脇を縫う

準備
① 材料を用意する

表地×2枚、ファスナー口・表地×2枚の裏にそれぞれ接着芯を貼っておく。

※作品の布は、本体：110㎝幅オックス布（プリント）を使用しました

□ 布　　購入する際は、「90㎝幅×80㎝」くらいが目安です。

幅42㎝×長さ33.5㎝×2枚（本体・表地）
幅42㎝×長さ33.5㎝×2枚（本体・裏地）
幅42㎝×長さ7㎝×2枚（ファスナー口・表地）
幅42㎝×長さ7㎝×2枚（ファスナー口・裏地）

□ 片面接着芯	本体・表地、ファスナー口・表地分
□ 長さ40㎝ファスナー	1本
	（カットする場合は樹脂ファスナーを使う）
□ 2.5㎝幅カバンテープ	38㎝×2本、6㎝×2本
□ 2.5㎝幅Dカン	2個

① 持ち手をつけ、両脇を縫う

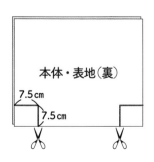

本体・表地（裏）

7.5㎝
7.5㎝

（1） 本体・表地の下辺の角を図のようにカットする。裏地も同様にする。

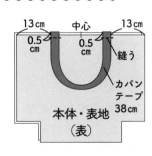

13㎝　中心　13㎝
0.5㎝　　0.5㎝
縫う
カバンテープ 38㎝
本体・表地（表）

（2） 表地の袋口にカバンテープを仮どめする。もう1枚の表地も同様にする。

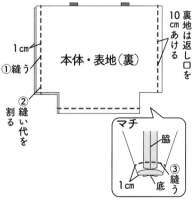

1㎝
①縫う
本体・表地（裏）
②縫い代を割る
裏地は返し口を10㎝あける

マチ
脇
底
③縫う
1㎝

（3） 本体・表地2枚を中表で合わせ、両脇、底を端から1㎝の位置で縫い合わせる。縫い代をアイロンで割り、マチを縫う。本体・裏地も両脇とマチを縫う。

② タブをつける

カバンテープを二つ折りして、Dカンを通してタブをつくり、本体・表地の袋口の脇に仮どめする。もう1個も同様にする。

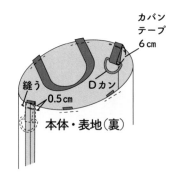

③ ファスナーをつける

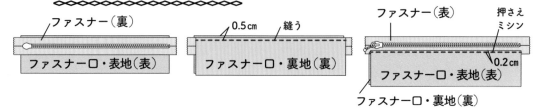

（1） ファスナー口・表地とファスナーを中表で合わせる。

（2） （1）にファスナー口・裏地を中表になるように重ねる。端から0.5cmの位置で縫い合わせる。

（3） ファスナー口2枚を上にめくりアイロンで押さえて、押さえミシンをかける。

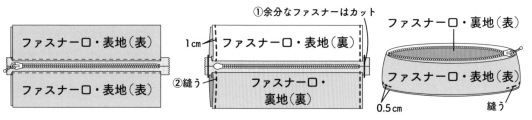

（4） （1）〜（3）と同様に、ファスナーの反対側に残りのファスナー口・表地とファスナー口・裏地を縫いつける。

（5） ファスナー口・表地、裏地それぞれを中表で合わせ、両脇を端から1cmの位置で縫い合わせる。縫い代を割り、表に返す。

（6） ファスナー口・表地と裏地を脇の縫い代でそろえて整え、脇部分を仮どめする。

④ 袋口を仕上げる

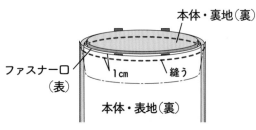

（1） 本体・表地（裏）の中にファスナー口、裏地を順に入れ、中表に合わせたら、袋口を端から1cmの位置でぐるりと1周縫う。

（2） 返し口から表に返し、返し口を縫い閉じる。袋口をアイロンで整えて、ぐるりと押さえミシンをかける。

収納力バツグンの

バッグイン バッグ

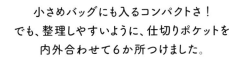

小さめバッグにも入るコンパクトさ！
でも、整理しやすいように、仕切りポケットを
内外合わせて6か所つけました。

できあがりサイズ

横20cm × 縦17cm × マチ4cm
（持ち手は除く）

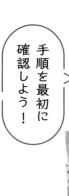

手順を最初に確認しよう!

【 FRONT 】

1 持ち手をつくる

4 持ち手をつける

5 内ポケットをつける

7 袋口を縫う

2 外ポケットをつくる

3 本体・表地に
外ポケットをつける

6 両脇を縫う

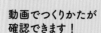

CHECK!

動画でつくりかたが
確認できます!

(YouTubeにとびます)

【 BACK 】

準備

① 材料を用意する

本体・表地×1枚、外ポケット・表地×2
枚、持ち手×2枚の裏にそれぞれ接着芯を
貼っておく。

※作品の布は、本体:110cm幅11号帆布(ヨークイエ
ロー)、ポケット:110cm幅綿麻キャンバス布(プリン
ト)を使用しました

☐ **布**　購入する際は、「110cm幅×50cm」くらいが目安です。

幅22cm×長さ40cm×1枚(本体・表地)
幅22cm×長さ40cm×1枚(本体・裏地)
幅22cm×長さ15cm×2枚(外ポケット・表地)
幅22cm×長さ15cm×2枚(外ポケット・裏地)
幅22cm×長さ28cm×2枚(内ポケット)
幅8cm×長さ22cm×2枚(持ち手)

☐ **片面接着芯**　　本体・表地、外ポケット、持ち手分

☐ **プラスナップ**　　　　　　　　　　　　　　1個

---

① 持ち手をつくる

持ち手布を図のように折り、両側
を縫う。もう1枚も同様にする。

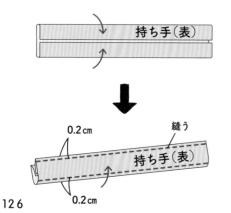

② 外ポケットをつくる

外ポケットの表地と裏地を中表に合わせ、上下
を端から1cmの位置で縫い合わせる。表に返
し、上辺に押さえミシンをかける。もう1枚も同
様にする。

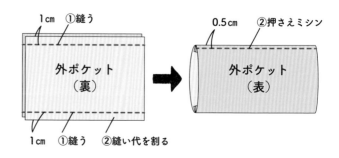

126

③ 本体・表地に外ポケットをつける

本体・表地に②のポケット2枚をそれぞれ重ね、ポケット底と両脇の順で図のように仮どめする。片方には仕切りを縫う。

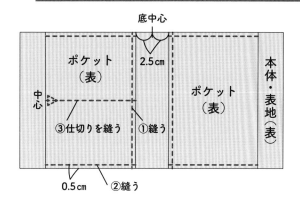

底中心
2.5cm
ポケット（表）
ポケット（表）
本体・表地（表）
中心
③仕切りを縫う
①縫う
0.5cm
②縫う

④ 持ち手をつける

本体・表地の袋口に持ち手を重ね、仮どめする。反対側の袋口にも同様に持ち手をつける。

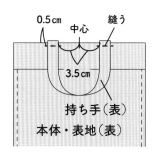

0.5cm　中心　縫う
3.5cm
持ち手（表）
本体・表地（表）

⑤ 内ポケットをつける

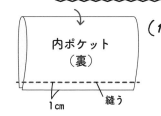

内ポケット（裏）
1cm　縫う

（1）内ポケット布を中表に二つ折りし、端から1cmの位置で縫い合わせる。縫い代を割り表に返して、②と同様に押さえミシンをかける。もう1枚も同様にする。

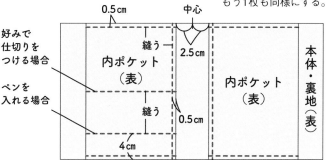

0.5cm　中心
縫う
内ポケット（表）
2.5cm
内ポケット（表）
本体・裏地（表）
好みで仕切りをつける場合
ペンを入れる場合
縫う
0.5cm
4cm

（2）③の要領で、本体・裏地に内ポケットを縫いつける。内ポケットには好みで仕切りを縫う。

⑥ 両脇を縫う

本体・表地を底中心で折り返しながら、中表になるように折り、両脇を端から1cmの位置で縫い合わせる。縫い代をアイロンで割り、底の角の余分な縫い代をカットする。本体・裏地も同様にする。

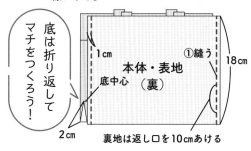

底は折り返してマチをつくろう！

1cm
本体・表地（裏）
底中心
①縫う
18cm
2cm
裏地は返し口を10cmあける

⑦ 袋口を縫う

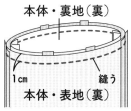

本体・裏地（裏）
1cm　縫う
本体・表地（裏）

（1）本体・裏地を表に返し、本体・表地の中に入れ、中表に合わせて、袋口を端から1cmの位置でぐるりと1周縫う。

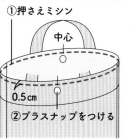

①押さえミシン
中心
0.5cm
②プラスナップをつける

（2）返し口から表に返し、返し口を縫い閉じる。アイロンで整えて、袋口にぐるりと押さえミシンをかけ、図の位置にプラスナップをつける。

Baby&Kids Handmade

2児の母。妊娠をきっかけに、赤ちゃんや子ども用のアイテムの制作をはじめる。オリジナル作品の作り方動画をYouTubeで発信し、シンプルでかわいいデザインと、裁縫初心者でもわかりやすい解説が人気を集めている。

https://baby-kids-handmade.com/

YouTube ＊ Baby&Kids ＊ Handmade
Instagram @babykids__handmade
型紙販売サイト https://baby-kids-handmade.stores.jp/

スタッフ

デザイン	酒井絢果（monostore.co.ltd）
撮影	masaco
スタイリング	鈴木亜希子
ヘアメイク	オオイケユキ
モデル	赤坂由梨（SPACE CRAFT）Height 164cm
	ミア・ドーソン（Sugar&Spice）Height 101cm
イラスト	macco
作り方イラスト＆DTP	株式会社 WADE 手芸制作部
校正	大道寺ちはる
編集協力	株式会社スリーシーズン
編集担当	横山美穂（ナツメ出版企画株式会社）

かたがみ つく
型紙なしで作れる
Baby & Kids Handmade の
て おとなふく こもの
手づくり大人服&小物

2021年10月5日　初版発行
2021年11月1日　第2刷発行

著　者　Baby & Kids Handmade　©Baby & Kids Handmade,2021
発行者　田村正隆
発行所　株式会社ナツメ社
　　　　東京都千代田区神田神保町 1-52 ナツメ社ビル 1 F
　　　　（〒 101-0051）
　　　　電話／ 03-3291-1257（代表）　FAX ／ 03-3291-5761
　　　　振替／ 00130-1-58661
制　作　ナツメ出版企画株式会社
　　　　東京都千代田区神田神保町 1-52　ナツメ社ビル 3 F
　　　　（〒 101-0051）
　　　　電話／ 03-3295-3921（代表）
印刷所　図書印刷株式会社

ISBN978-4-8163-7080-9　　　Printed in Japan

材料協力先

生地の森
https://www.kijinomori.com/
＊p41 シェットランドウール リネンヘリンボン、p66 先染めりネンマドラスチェック、p73 ワイド幅先染めリネンマルチチェック／アンティーク風ラミーリネン、p82 コットンライトキャンバス、p86 天日乾燥した綿麻生地

CHECK&STRIPE
http://checkandstripe.com/
＊p24 やさしいリネン、p28 海のブロード、p38 海のブロードにシャボンの刺しゅう、p54 フレンチコーデュロイ、p69 リネン混ダンガリーソフト、p94 フレンチフランネル

デコレクションズ
☎ 058-215-8295
https://decollections.co.jp/
＊p114・p117 オックス生地／刺繍入りオックス生地／アップルファームピンク、p118 Fig tree オックス生地

生地の専門店　布もよう
☎ 06-6585-9790
https://nunomoyo.b-smile.jp/
＊p34 スラブダブルガーゼ、p78 オリジナル Cotton ＋Linen タンブラーワッシャー、p90 メルトンフリース、p121 ナイロン先染 撥水オックス、p122 オックスプリント ROUND BORDER、p125 綿麻キャンバス 森のたより

fabric bird
☎ 087-870-3068
https://www.rakuten.ne.jp/gold/fabricbird/
＊p34 オリジナル西脇綿麻先染めシリーズ STANDARD BORDER、p46 リネンコットン二重織り、p50 先染ウールフラノ ストライプ、p60 綿麻ストライプ（太）、p94 もこもこボア、シープボア、p100 シープボア、p103 北欧調スケアープリント Hannah シリーズ、p118 麻帆布、p125 11号ハンプ

ヨーロッパ服地のひでき
☎ 06-6772-1406
https://rakuten.co.jp/hideki/
＊p34 POP ノスタルジックフラワープリント、p90 ヴァージンウールナイロン・モッサ

本書に関するお問い合わせは、書名・発行日・該当ページを明記の上、下記のいずれかの方法にてお送りください。電話でのお問い合わせはお受けしておりません。

・ナツメ社 web サイトの問い合わせフォーム
　https://www.natsume.co.jp/contact
・FAX（03-3291-1305）
・郵送（左記、ナツメ出版企画株式会社宛て）
なお、回答までに日にちをいただく場合があります。
正誤のお問い合わせ以外の書籍内容に関する解説・個別の相談は行っておりません。あらかじめご了承ください。

ナツメ社Webサイト
https://www.natsume.co.jp
書籍の最新情報（正誤情報を含む）はナツメ社Webサイトをご覧ください。